次代を創る「資質・能力」を育む学校づくり　1

「社会に開かれた教育課程」と新しい学校づくり

吉冨芳正 編集

ぎょうせい

シリーズ刊行にあたって

　平成29年3月、新しい学習指導要領が告示され、小学校は平成32年度から、中学校は平成33年度から全面実施される。新学習指導要領では、よりよい学校教育を通じてよりよい社会を創るという目標を共有し、社会と連携・協働しながら、子供たちが未来の創り手となるために必要な資質・能力を育む、「社会に開かれた教育課程」の理念が掲げられ、教育課程を基軸に据えて学校教育全体の改善が意図されている。

　各学校では、それぞれの実態を踏まえ、育成すべき資質・能力を明確にして教育課程を適切に編成し、子供たちの主体的・対話的で深い学びを保障するとともに、カリキュラム・マネジメントを確立し、教育の質の向上を図っていくことが必要となる。教育委員会は、そうした各学校の取組みに対して的確な指導・支援を行っていくことが求められる。

　本シリーズは、こうした状況を踏まえ、「次代を創る資質・能力を育む学校づくり」をテーマとし、それに不可欠な「『社会に開かれた教育課程』と新しい学校づくり」「『深く学ぶ』子供を育てる学級づくり・授業づくり」「新教育課程とこれからの研究・研修」の三つの切り口から、取組みを進めるうえでの諸課題を分析し、効果的に工夫改善を進めるための視点や方策について分かりやすく解説することを目的とするものである。

　識見と専門性に富み気鋭の執筆陣による本シリーズは、学校づくりの中核として活躍される校長をはじめ主幹、主任層や教育委員会の指導主事などのみなさまの手掛かりとなり、未来を創る子供たちの資質・能力の育成に役立つものと確信している。

平成29年7月

明星大学教授
吉冨　芳正

巻頭提言
これからの学校づくりへの期待

　平成28年12月21日の中央教育審議会の答申をふまえ、平成29年3月31日に、文部科学大臣が新しい幼稚園教育要領と小学校、中学校の学習指導要領を告示した。

　現在のような大臣告示の形式となった学習指導要領は、昭和33年に始まり、以来ほぼ10年ごとに改訂が行われてきた。いずれも教育課程実施の経験、子供たちを取り巻く時代や社会の変化をふまえ、子供たちに身に付けさせたい資質・能力は何かを考えながら行われてきたものである。それは、各学校をはじめ教育関係者に学校教育の改善充実のための自己改革（刷新）運動をうながしているものとしてもとらえることができる。

　今回の改訂においても、子供たちに変化の激しいこれからの時代、社会を生きるために必要となる力を育成することを目指し、各学校が社会との関わりを重視し、「社会に開かれた教育課程」を編成・実施することを期待している。

　各学校では、こうした新学習指導要領の趣旨や関連する行政施策の動向を理解しつつ、これからの学校づくりに取り組んでいく必要がある。その際、次のような諸点に留意することが大切であると考える。

1. 学校教育の基本と教育課程についての理解を共有する

　今回の学習指導要領では、初めて「前文」が置かれている。ここでは、教育は、教育基本法に定める教育の目的と目標の達成を目指して行われなければならず、このために必要な教育の在り方を具体化するのが、各学校において組織的かつ計画的に組み立てた教育課程であることを明記している。

　その上で、「第1章　総則」を全面的に再構成している。新しい総則では、教育課程の編成、実施や留意事項に加え、児童生徒の発達の支援や学校運営上の留意事項、道徳教育に関する配慮事項などが詳述されて

いる。特に、主体的・対話的で深い学び（アクティブ・ラーニング）の実現に向けた授業改善を行うことや言語能力、情報活用能力、問題発見・解決等の資質・能力が育成されるよう、担当教科、学年のみならず、教科横断的な視点や学校段階間の接続に配慮しながら教育課程を編成することの重要性などが示されている。

　各学校においては、教育内容に加え、教育方法、学習評価等を含む教育課程に基づき組織的、計画的に教育活動の質の向上を図るカリキュラム・マネジメントについての理解を全校で共有することが求められる。

2. 深く学ぶ子供を育てる学級づくり、授業づくり

　学校の教育目標は日々の授業の積み重ねの上に実現される。日々の授業は、学級経営の充実に支えられよりよく成立する。

　学習や生活の基盤として、教師と児童生徒との信頼関係及び児童生徒間のよりよい人間関係を育てる学級経営の充実に意を用いることが必要である。こうした基礎の上に立って授業改善は進められる。特に、児童生徒理解を深め学習指導と合わせて生徒指導、キャリア教育、道徳教育の充実を図ることが必要である。

3. 豊かな教育実践のための研究・研修の充実

　各学校における教育活動の更なる充実を図るためには教育実践研究、研修が不可欠である。

　特に校内研修や授業研究は日本の学校の良き伝統として海外からも高い評価を受けている。

　各学校は、その特色を生かし、創意工夫を重ねた授業研究や校内研修の機会を確保し、全ての教職員が各学校の教育目標の実現に切磋琢磨するよう努める必要がある。

平成29年7月

東京国立博物館長
銭谷　眞美

「社会に開かれた教育課程」と新しい学校づくり

目 次

シリーズ刊行にあたって（吉冨芳正）
巻頭提言　これからの学校づくりへの期待（銭谷眞美）

第1章　これからの学校づくりと新学習指導要領　[吉冨芳正]

1　自ら教育と経営の在り方を創造する学校　2
2　教育と経営の質を追究する学校　11
3　連携と協働に努める学校　16

第2章　中央教育審議会答申を踏まえた新たな学校経営課題　[寺崎千秋]

1　中央教育審議会答申が提起する新たな学校経営の課題とは　20
2　学校及び教育課程リニューアルのポイント　22
3　これからの学校づくり・教育課程の編成における管理職の役割　34

第3章　「社会に開かれた教育課程」の実現
――「総則」を学校づくりの視点から読む――　[石塚　等]

1　新学習指導要領の理念について　38
2　2030年の社会と子供たちの未来　38

  3　「社会に開かれた教育課程」の理念　39
  4　育成を目指す資質・能力、「主体的・対話的で深い学び」、カリキュラム・マネジメント　42
  5　「次世代の学校・地域」創生プランについて　46
  6　「社会に開かれた教育課程」の理念の下での学校づくり　47
  7　新学習指導要領の着実な実施に向けて　51

第4章　次代の子供を育てる学校教育目標
    ………………………………………………………………［天笠　茂］

  1　学校が学校教育目標を設定する意義　54
  2　新しい学習指導要領と学校教育目標　58
  3　学校教育目標とカリキュラム・マネジメント　67

第5章　「カリキュラム・マネジメント」で学校を変える
    ………………………………………………………………［赤沢早人］

  1　「カリキュラム・マネジメント」を越える　72
  2　学校を「よりよく」するためのカリキュラム・マネジメント　78
  3　カリキュラム・マネジメントの実践　82

第6章　「チーム学校」で実現する新教育課程
  ――これからの組織マネジメント――
    ………………………………………………………………［浅野良一］

  1　「チーム学校」の基本的理念と構造　90
  2　「チーム学校」を実現するための各種方策　93
  3　「チーム学校」に必要な組織マネジメント　95

4　学校事務職員のゼネラルスタッフ化　99

第7章　地域との新たな協働に基づいた学校づくり
　　　　　　　　　　　　　　　　　　　　　　　　　　　[佐藤晴雄]

　　1　新学習指導要領が求めるもの　104
　　2　地域連携と学力　105
　　3　「資質・能力」の育成にとっての学校・地域の連携・
　　　　協働の意義　107
　　4　コミュニティ・シンボルとしての学校　111
　　5　コミュニティ・スクールの動向と展望　113
　　6　地域学校協働本部のイメージと期待　114
　　7　コミュニティ・スクールと地域協働活動を進める学校体制づくり　116
　　8　期待される地域連携の仕組みの活用　120

第8章　小中連携・一貫教育を新教育課程に生かす
　　　　　　　　　　　　　　　　　　　　　　　　　　　[西川信廣]

　　1　小中一貫教育の成果と課題　124
　　2　義務教育学校、小中一貫教育型小・中学校の制度化　127
　　3　義務教育学校の取組みの現状　132
　　4　小中一貫教育の取組みを新教育課程に生かす　138

第9章　特別支援教育への新たな取組み
　　　　　　　　　　　　　　　　　　　　　　　　　　　[安藤壽子]

　　1　インクルーシブ教育システムの構築を目指す特別支援教育　144
　　2　インクルーシブ教育の理念と背景にある障害観　149

3　インクルーシブ教育時代の小・中学校における特別支援教育　153

第10章　メッセージ：新たな学校づくりに向けて

　　学校は楽校──教師も子供も楽しみな場──**［岩瀬正司］**　162
　　和気藹々と本気根気で学校を創る**［若井彌一］**　170

資　料

　○幼稚園、小学校、中学校、高等学校及び特別支援学校の学習指導要領等
　　の改善及び必要な方策等について（答申）
　　　（平成28年12月21日　中央教育審議会）〔抜粋〕／177
　○チームとしての学校の在り方と今後の改善方策について（答申）
　　　（平成27年12月21日　中央教育審議会）〔抜粋〕／201
　○これからの学校教育を担う教員の資質能力の向上について
　　　〜学び合い、高め合う教員育成コミュニティの構築に向けて〜（答申）
　　　（平成27年12月21日　中央教育審議会）〔抜粋〕／212
　○新しい時代の教育や地方創生の実現に向けた学校と地域の連携・協働の
　　在り方と今後の推進方策について（答申）
　　　（平成27年12月21日　中央教育審議会）〔抜粋〕／214

第1章
これからの学校づくりと新学習指導要領

明星大学教授
吉冨芳正

1 自ら教育と経営の在り方を創造する学校

(1) これからの学校づくりの基本

　平成28年12月21日の中央教育審議会答申（以下、「中教審答申」という）を踏まえ、平成29年3月31日、新しい小学校学習指導要領、中学校学習指導要領及び幼稚園教育要領が告示された。新学習指導要領では、よりよい学校教育を通じてよりよい社会を創るという目標を共有し、社会と連携・協働しながら、未来の創り手となるために必要な資質・能力を育む「社会に開かれた教育課程」の理念を掲げ、教育課程を基軸に据えて学校教育の改善を図ることが目指されている。新学習指導要領等は、小学校は平成32年度から、中学校は平成33年度から、幼稚園は平成30年度から、それぞれ全面実施される。高等学校については、平成29年度中に学習指導要領が改訂され、平成34年度から年度進行（学年進行）で実施される予定である。

　各学校においては、学習指導要領改訂の趣旨やポイントの理解を中心に、近年の学校教育の改善の方向性を確かめるとともに、子供たちや学校、地域の実態を踏まえて、自校の教育と経営の在り方を主体的に創造していくことが求められている（以下、本稿では、各学校が自校の教育と経営の在り方を主体的に創造していくことを「学校づくり」という）。

ア　学校教育の性質と目的・目標の理解

　これからの学校づくりを進めるうえでの基本として大切なことは、第一に、学校教育の性質と目的や目標を理解しておくことである。学校教育は、保護者がそれぞれの考えで行う家庭教育などの私教育に対して、

法令により制度化された公教育として行われる。公教育制度としての学校の在り方については、教育基本法や学校教育法などの関係法令に規定されている。学校づくりに当たっては、漫然と前例を踏襲したり散発的な思いつきで行ったりするのではなく、関係法令の趣旨を踏まえて、意図的、計画的、組織的に行われることが必要である。こうした学校教育の性質について、教育基本法では、「学校においては、教育の目標が達成されるよう、教育を受ける者の心身の発達に応じて、体系的な教育が組織的に行われなければならない」（第6条第2項）と規定されている。

教育基本法では、教育の目的として、「人格の完成を目指し、平和で民主的な国家及び社会の形成者として必要な資質を備えた心身ともに健康な国民の育成」を期すことが示され（第1条）、その目的を実現するために5項目にわたる教育の目標が掲げられている（第2条）。これらの目的と目標は、家庭教育を含めて広く教育全体で目指すものであるが、まず学校教育で達成を目指していくことが求められる。

さらに、教育基本法で義務教育の目的（第5条第2項）が、学校教育法で義務教育の目標（第21条）や各学校種別の目的と教育の目標（例えば小学校は第29条と第30条第1項）、学力の要素（第30条第2項）が、学習指導要領で教育課程全体で育成を目指す資質・能力と各教科等の目標や学年・分野ごとの目標がそれぞれ定められている。

各学校において教育活動と経営活動を意図的、計画的、組織的に進めるに当たっては、こうした教育の目的や目標の達成が常に意識されている必要がある。

イ　子供たちや学校、地域の実態を踏まえた創意工夫

学校づくりの基本として第二に大切なことは、子供たちや学校、地域の実態を踏まえてこそ、教育の目的や目標の達成に近付くことができるという認識である。法令を踏まえることは、学校が受動的、他律的であ

ることや、画一的な活動を行うことを求めるものではない。各学校が計画し展開する教育活動と経営活動は、法令を基盤としつつ、自主的、自律的で創造的な営みであると考えることが大切である。

　子供たちはそれぞれがかけがえのないよさや可能性をもつ存在であり、それらの表れも多様である。子供たちが教職員とともに学び生活する学校も、その成長・発達を支える家庭や地域社会の実態も、様々であって同じものは二つとない。教育の本質からして、各学校における教育は、それぞれの実態に適切に応じる創意工夫が不可欠である。

　子供たちなどの実態を踏まえた創意工夫は、新学習指導要領が求める、よりよい社会や人生を創造できる資質・能力を高め豊かにしようとするとき一層重要になる。子供たちが獲得した知識や技能を有機的に結び付け、考え判断し表現し、問題を解決する力を高めることができるよう、教育課程全体を俯瞰的にとらえ、各教科等や各学年における子供たちの学習や経験をつなげていく必要がある。

　中教審答申でも、「資質・能力の育成に向けては、学習指導要領等に基づき、目の前の子供たちの現状を踏まえた具体的な目標の設定や指導の在り方について、学校や教員の裁量に基づく多様な創意工夫が前提とされているものであり、特定の目標や方法に画一化されるものではない」「今回の改訂の趣旨は、新しい時代に求められる資質・能力の育成やそのための各学校の創意工夫に基づいた指導の改善といった大きな方向性を共有しつつ、むしろ、その実現に向けた多様な工夫や改善の取組を活性化させようとするものである」と指摘されている。

　こうして各学校が教育活動や経営活動の両面にわたって考え得る限りの創意工夫を進めている姿を、「特色ある学校」ということができる。

(2) 学校づくりの基軸としての教育課程

　これからの学校づくりの基軸となるものが教育課程である。学校の目的は学校教育法に定められるように「教育を施す」ことであるから、学校づくりにおいては、教育目標を掲げ、その実現を目指して編成される教育課程を中心に据え、それを柱として教育活動と経営活動がつながり合って効果的に展開されることが重要である。

　「教育課程」について、これまで文部科学省では「学校教育の目的や目標を達成するために、教育の内容を児童生徒の心身の発達に応じ、授業時数との関連において総合的に組織した学校の教育計画」と説明されてきている。本稿では、この定義を踏まえつつ、複数年度など一定の期間を視野に置き、学校教育目標をはじめ教育の目標を体系的に設定し、教育の内容を選択・組織・配列して、授業時数の総量と配当の枠組みを決めるなど、必要な要素についての基本的な方針や計画を策定し表すことを「教育課程の編成」という。そして、それらを教材や指導方法等を含めて具体化し、単元や題材、本時などのまとまりごとに種々の指導計画を作成し授業を展開する一連の過程を「教育課程の実施」という。

　教育課程の「編成」と「実施」は、画然と分かれているのではなく、重なり合うように接続している。上述のように、教育目標を掲げ、内容を選択・組織・配列し、必要な授業時数をおよそ配当することは、教育課程の「編成」の一環である。こうした大枠を基に、前年度の評価を踏まえて各種の全体計画や各教科等の年間指導計画を修正し確定させることは、当該年度の教育課程の「編成」であり、かつ、単元以下の教育活動の具体的展開に向けた出発点としての「実施」の一環である。

　学校の経営活動は、教育課程を基軸として教育活動が効果的、効率的に展開されるようにする役割を担う。経営活動には、学校全体を視野に置いた学校経営、それを学年ごとに具現化する学年経営、そして特に義

務教育では教育と生活の基本単位となる学級ごとの学級経営、教科指導を効果的に行うために必要な条件を整える教科経営などがある。経営活動の一環として人的、物的、財政的条件の整備や組織・運営の工夫を進めるに当たっても、教育課程を基軸とすることによって方向性や重点を置くべきポイントが明確になり、全体として構造的で一貫性のある取組みが可能となる。経営活動と教育活動の充実が相まって、学校としての教育目標を効果的に実現することができる。

(3) これからの学校の役割と新学習指導要領
――「社会に開かれた教育課程」の実現――

今回の学習指導要領改訂の背景として強く意識されているものは、社会の変化である。中教審答申でも指摘されているように、今日、グローバル化の進展や人工知能（AI）の急速な進化など、社会の様々な領域で激しい変化が加速度的に進んでおり、将来を予測することは難しくなっている。子供たちを含め私たちは変化する社会の中に生きており、社会の変化は私たちに大きな影響を及ぼしている。私たちは、これまでになかった豊かさや便利さなどを享受する一方で、多くの困難な問題に直面している。例えば、少子・高齢化、貧富の差の拡大、環境の変動、有限な資源やエネルギーと持続可能な発展、思想や宗教、民族による対立や紛争といった問題は、私たちの生活や生き方に影響を及ぼし、人類や地球の未来にも関わっている。

社会の変化に伴って生じる問題については、唯一の正解はないし、受身の考え方や後追いの対応では解決が難しい。大人が、そして次代を担う子供たちが、人間の尊さや生命のかけがえのなさ、他者への共感や思いやり、幸福を分かち合う態度など普遍的で共有できる価値を大切にしながら、柔軟な発想や豊かな感性をもってよりよい社会や世界の創造に

第1章 これからの学校づくりと新学習指導要領

積極的に取り組む必要がある。

　子供たちの教育を預かる学校教育は、このような変化する社会の中に存在することを強く意識し、社会や世界との接点を広げ多様なつながりを重視して、子供たちが自ら新しい時代を創造し豊かに生きていくことができる資質・能力を育むことが求められる。新学習指導要領に新たに付された「前文」では、これからの学校の役割について、「教育の目的及び目標の達成を目指しつつ、一人一人の児童生徒が、自分のよさや可能性を認識するとともに、あらゆる他者を価値のある存在として尊重し、多様な人々と協働しながら様々な社会的変化を乗り越え、豊かな人生を切り拓き、持続可能な社会の創り手となることができるようにすることが求められる」と示されている。

　各学校がこうした役割を果たしていくうえでの基軸となるものが教育課程であり、その基準が学習指導要領である。新学習指導要領では、「社会に開かれた教育課程」という概念が示されている。「社会に開かれた教育課程」とは、「よりよい学校教育を通してよりよい社会を創るという理念を学校と社会とが共有し、それぞれの学校において、必要な学習内容をどのように学び、どのような資質・能力を身に付けられるようにするのかを教育課程において明確にしながら、社会との連携及び協働によりその実現を図っていく」（新学習指導要領前文）という考え方をいう。

　このような理念を実現するためには、各教科等の内容の見直しにとどまらず、教育課程全体を構造的に見直す必要がある。このため、新学習指導要領では、次の点に沿って改善が行われた。

① 「何ができるようになるか」（育成を目指す資質・能力）
② 「何を学ぶか」（教科等を学ぶ意義と、教科等間・学校段階間のつながりを踏まえた教育課程の編成）
③ 「どのように学ぶか」（各教科等の指導計画の作成と実施、学習・

指導の改善・充実)
④ 「子供一人一人の発達をどのように支援するか」(子供の発達を踏まえた指導)
⑤ 「何が身に付いたか」(学習評価の充実)
⑥ 「実施するために何が必要か」(学習指導要領等の理念を実現するために必要な方策)

　新学習指導要領では、すでに紹介しているように新たに「前文」が設けられ、新学習指導要領を定めるに当たっての考え方が示されるとともに、総則の構成が改められ、教育課程の編成・実施の手順を追って基本方針や配慮事項などが分かりやすく整理された。各教科等については、育成したい資質・能力を一貫性をもって明確にするため、それぞれの目標や内容が、①知識及び技能、②思考力、判断力、表現力等、③学びに向かう力、人間性、の三つの柱に沿って再整理された。そして、資質・能力の育成を実現するため、各教科等の特質に応じた物事をとらえる視点や考え方(見方・考え方)を働かせ、単元や題材など内容や時間のまとまりを見通しながら、児童生徒の主体的・対話的で深い学びの実現に向けた授業改善を行うことや、カリキュラム・マネジメントを確立することが求められている。

(4) 資質・能力の育成と学習指導要領の変遷

　育成を目指す資質・能力を、「知識及び技能」「思考力、判断力、表現力等」「学びに向かう力、人間性」の三つの柱で明確にし、各教科等の目標や内容を貫いて偏りなく育てようとする今回の学習指導要領の改訂は、平成元年改訂の前後から思考力等の育成に着目する考え方が表れはじめて以降の学習指導要領の在り方について一つの完成形をみたものであり、かつ、新たな時代の学習指導要領の出発点になるものととらえる

ことができる。

　学習指導要領は、昭和20年代の（試案）の時代を経て、教育課程の基準として法令上の位置付けが整備された昭和33年の改訂以降、社会の変化や実施の経験を踏まえて、およそ10年ごとに改訂が行われてきた。昭和33年の改訂（小・中学校。高等学校は35年）では、経験主義的な教育への批判を背景に、基礎学力の充実を図るため各教科の系統性が重視された。続く、昭和43年の改訂（小学校。中学校は44年、高等学校は45年）では、時代の進展に応じ教育内容の現代化が行われた。

　次の昭和52年の改訂（小・中学校。高等学校は53年）では、方向性が大きく変わり、知識の伝達に偏りがちな学校教育をより人間らしいものに改めようとする時代的潮流の中で、知・徳・体の調和のとれた人間形成を掲げて、教育内容の基礎・基本への精選と授業時数の削減が行われ、ゆとりのある充実した学校生活の実現が目指された。さらに、平成元年の改訂では、社会の変化が大きく進む中で、改訂方針の一つとして自己教育力の育成が掲げられ、自ら学ぶ意欲と社会の変化に主体的に対応できる能力の育成が重視された。この改訂に伴う平成３年の指導要録の改訂において、絶対評価（今日でいう目標に準拠した評価）で行う観点別学習状況の評価を基本に据え、自ら学ぶ意欲や思考力、判断力、表現力等の育成を重視する「新しい学力観」に立つ教育が強調された。この頃から、文部省（当時）が刊行する指導資料や広報誌などの中に「資質・能力」という言葉が多くみられるようになる。

　平成10年の改訂（小・中学校。高等学校は11年）では、こうした考え方が更に進められ、今日まで続く「生きる力」の育成が目指された。しかし、完全学校週５日制の実施に踏み切るに当たり、教育内容の厳選と授業時数の縮減などが行われたことから、社会の中で学力低下への懸念が強く表明されるようになった。結局、平成15年に学習指導要領の一部改正が行われ、必要に応じ学習指導要領に示されていない内容を加えて

指導できるようにするなどの手当てが行われた。「確かな学力」というキーワードが用いられるようになったのも、このときからである。

　平成20年の改訂（小・中学校。高等学校は21年）は、こうした混乱を再び起こさないよう配慮しつつ、知識基盤社会の到来などの社会の変化を背景に、平成18年の教育基本法の改正と平成19年の学校教育法の改正を受け、「生きる力」を育成するという理念は継承し、その具体的な手立てを確立する観点から行われた。平成19年の学校教育法の改正で、学力の要素として「基礎的な知識及び技能」「これらを活用して課題を解決するために必要な思考力、判断力、表現力その他の能力」「主体的に学習に取り組む態度」が掲げられており（第30条第２項）、平成20年の学習指導要領改訂でも、これらの学力をバランスよく育成することが目指された。そして、思考力、判断力、表現力等を育む観点から、すべての教科等を通じて言語活動の充実を図るなどの改善が行われた。

　こうした経緯を経て行われた今回の改訂は、学習者である子供の側に立ち、①子供たちが「何ができるようになるか」という視点から育成を目指す資質・能力を明確にし、②子供たちが「何を学ぶか」という視点から教科・科目等の構成や目標・内容等を見直し、③子供たちが「どのように学ぶか」という視点から主体的・対話的で深い学びの実現を目指すという、全体的、構造的な改善を行ったものであり、画期的なものとなった。各学校において新学習指導要領を基にして教育課程を編成することは、これからの新しい学校づくりの出発点を定めるものととらえることができる。

第1章
これからの学校づくりと新学習指導要領

 教育と経営の質を追究する学校

(1) 教職員の意識と参画

　教育課程を基軸としてこれからの学校づくりを進めるうえで、教職員が学校の教育目標の実現は自分たちの問題だと認識して教育活動や経営活動の改善充実に取り組むことが不可欠である。新学習指導要領で掲げられた「社会に開かれた教育課程」の理念を踏まえて、よりよい教育を通じてよりよい社会を創るためには、教職員が社会や世界の状況について本気で関心をもち、子供たちが資質・能力を高め豊かにできるような自校の教育の在り方を考えていく必要がある。子供たちに、社会とのつながりを意識し、現実社会の問題に向き合い、自分の問題として解決に向けて考え取り組むことを求めるのであるから、まず教職員がそのような意識に立つことが必要であろう。

　社会に正対し自校の在り方を考えようとする意識を基盤に、教職員が教育目標を共有し、教育課程編成をはじめ教育活動や経営活動に広く参画し、多様な知恵を出し合って様々な工夫を進めていくようにしたい。教職員一人一人が学校全体の方向性を把握することによって、それぞれが担当する教育活動や経営活動がより適切で充実したものになる。

　そして、教職員の前向きの意識と取組みは、学校の諸活動を通して子供たちとの間で共有され、学校の文化を創っていく。学校の取組みを社会に発信することで、教育の理念を社会と共有でき、家庭教育や地域社会による学校教育への支援の充実にもつながる。

(2) 教育と経営に関する計画と活動の構造化・体系化

　学校の教育と経営の質を高めるためには、学校の教育目標を実現できるよう両者に関わる計画を適切に設定し、教育活動と経営活動がかみ合いながら効果的に展開されるようにする必要がある。そのために重要なのは、カリキュラム・マネジメントの考え方である。カリキュラム・マネジメントは、学校の教育目標を実現するため、教育活動と経営活動とを密接に関連付けて、計画・実施・評価・改善の過程を循環させ、学校内外の資源を最大限に活用しながら教育の質を高めていこうとする考え方である。カリキュラム・マネジメントを進めるうえで鍵となるのは、学校教育に関わる様々な要素を「つなげる」という視点である。

　学校の中には、様々な計画が大きなものから小さなものまで数十から百近く存在すると考えられる。それらの計画には、目標や方針、あるべき姿、重点、内容や活動、時間の区切り方と意味付け、方策や手立て、教材や資料、評価、組織や体制など、様々な要素が盛り込まれている。こうしたものがばらばらであっては、効果的な活動は展開できず、教育目標の実現もおぼつかない。

　学校に存在する諸計画について、学校の教育目標を頂点にして、子供たちの学校での学習や経験の全体を視野に置きながら、教育活動の系列と経営活動の系列で、全体的、一般的なものから部分的、具体的なものへと構造的、体系的に整理することが大切である。教育活動の系列では、教育課程で示された基本的枠組みを各教科等の年間指導計画や単元の指導計画などで具体化していく視点が、経営活動の系列では、学校全体の経営計画で示された重点を学年経営計画や学級経営計画、教科経営計画などで具体化していく視点が重要になる。図は、そうした学校の教育活動と経営活動の全体像を模式的に表したものである。

　教育活動の計画と経営活動の計画がそれぞれ適切に設定されるととも

第1章 これからの学校づくりと新学習指導要領

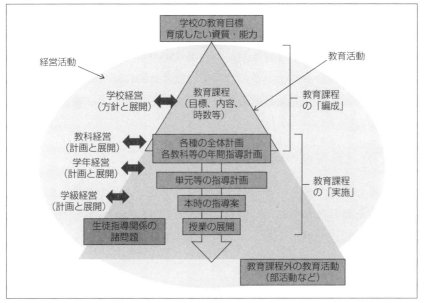

図　学校の教育活動と経営活動

に、両者の関連が明確であることが求められる。牧（1998）は、学校教育目標と経営目標（方針）の関係について、学校現場には両者の混在的把握がみられ、それが混乱を大きくしていると指摘している。牧によれば、経営目標とは、「学校教育目標を効果的に達成するための手段的・条件整備的な目標」であって、「校長の経営方針が先にあって学校教育目標が後に続くといったケースがあるが、これは逆である」と注意を喚起している。そして、経営目標の条件として、「学校教育目標を明確にし、①その目標について全教職員が十分に共通理解をもち、②その目標を達成しようとする協働意欲に溢れ、③さらにコミュニケーション・チャンネルがスムーズに流れるように配慮しておくこと」を挙げ、これらを踏まえて自校にふさわしい経営目標を示すことの大切さを説いている。

なお、近年、学校教育に求められる事項の増加に伴い、学校で作成す

る計画も多くなりがちである。計画が増えると、個別事項については詳しく示すことができるが、計画相互の関係性がわかりにくくなるし、際限なく増やすことは不可能である。各学校において上述のような諸計画の整理を検討する中で、一つの計画で複数の目的に用いることができるものがあれば、総合的な計画の作成を工夫することも考えられる。

(3) 教育課程の質の向上

　これまで述べてきたことを踏まえつつ、学校づくりの基軸となる教育課程の質を高めるために、具体的な要素に着目しながら各学校において検討すべき観点を例示すると、次のとおりである。

ⅰ) 目標の設定
　① 学校の教育目標をはじめとして育成を目指す資質・能力が明確にされ、それらが各教科等や各学年にわたって構造的、体系的に整理されているか。
　② 目標の示し方が分かりやすく、その実現の手立ての具体化や評価の工夫を容易にしているか。
ⅱ) 内容の組織
　① 目標の実現に必要な各教科等の内容が選択され、相互に関係付けながら組織・配列されているか。
　② 内容の組織全体が視覚的に示され、内容相互の関係が検討しやすいか。
ⅲ) 授業時数等の取扱い
　① 目標の実現に必要な時間が実質的に確保され、方針を明確にして配当されているか。
　② 時間の区切り方や使い方が子供たちの学習や経験の質の向上につ

ながっているか。
iv）学習指導の展開や方法、教材の工夫
　① 学習指導の展開や方法、教材の工夫について基本的な考え方が示されているか。
　② 主体的・対話的で深い学びの実現に向けて、学習指導の展開や学習指導の方法、教材の工夫の具体化につながっているか。
v）条件整備など学校経営との関連
　① 教育課程を効果的に展開する観点から条件整備の基本的な方針などが明らかにされているか。
　② 教育活動の展開と関連付けて、人的・物的・財政的・組織運営的条件の整備が進められているか。

(4)　授業の質の向上——実践と研究の一体的展開——

　こうした観点から教育課程の質の向上を図ることが、授業の質の向上につながるようにすることが重要である。新学習指導要領では、三つの柱で整理された資質・能力の育成が偏りなく実現されるよう、「単元や題材など内容や時間のまとまりを見通しながら、児童生徒の主体的・対話的で深い学びの実現に向けた授業改善を行うこと」が求められている。特に、「各教科等において身に付けた知識及び技能を活用したり、思考力、判断力、表現力等や学びに向かう力、人間性等を発揮させたりして、学習の対象となる物事を捉え思考することにより、各教科等の特質に応じた物事を捉える視点（見方・考え方）が鍛えられていく」ことに留意し、「児童生徒が各教科等の特質に応じた見方・考え方を働かせながら、知識を相互に関連付けてより深く理解したり、情報を精査して考えを形成したり、問題を見いだして解決策を考えたり、思いや考えを基に創造したりすることに向かう過程を重視した学習の充実を図るこ

と」に配慮することとされている（総則第3-1-(1)）。

　各学校でこうした主体的・対話的で深い学びを実現するためには、指導を担う教員の研修が重要である。教員の資質能力の向上に関する中央教育審議会の答申（平成27年12月）では、「教員は学校で育つ」ものであり、同僚の教員とともに支え合いながらOJTを通じて日常的に学び合う校内研修の充実や、自ら課題をもって自律的、主体的に行う研修の重要性とそれらに対する支援の必要性が指摘されている。

　各学校においては、特に授業実践と研究を一体的に展開することが大切である。子供たちの学習過程の充実に向け、日々の授業から課題を抽出し、学校全体や学年、教科等として取組みの焦点を明確にして授業や教材の研究を進め、各教員による創意工夫を全体で共有して授業の改善に生かすようにしたい。

連携と協働に努める学校

(1) チームとしての学校

　中央教育審議会の「チームとしての学校の在り方と今後の改善方策について（答申）」（平成27年12月27日）では、学習指導要領改訂の理念の実現、子供や教育をめぐる課題の複雑化・多様化、教員の勤務実態などを背景に、「チームとしての学校」の体制を整備することが提言された。そして、「チームとしての学校」を実現するための視点として、①専門性に基づくチーム体制の構築、②学校のマネジメント機能の強化、③教員一人一人が力を発揮できる環境の整備、が挙げられている。教育行政ではこうした視点に沿って施策が進められつつあり、その動向も踏まえ、各学校でも上記の三つの視点を生かした学校づくりを構想していく

ことが求められる。

　教員が研修や経験を重ねることを通じてそれぞれに指導に精通するようになった分野の知識や方法を生かし合ったり、一般の教諭と異なる専門性を有する養護教諭、栄養教諭や栄養職員、司書教諭や学校司書、スクールカウンセラーやスクールソーシャルワーカー、ALTなどと密接な連携を図ったりして、教育活動の質を高めていくことができる。その際、教員の業務や役割を整理・軽減して、自らの専門性を発揮しながら子供に向かい合うことができる時間を保障することが大切である。

　こうした工夫を含め、教育課程の効果的な編成・実施と関連付けながら、学校を運営していく組織体制づくりや校務分掌を検討し、学校のマネジメント機能を高めていくことが大切である。校長をはじめ様々な教職員がそれぞれの立場や役割でのリーダーシップや、専門性、アイデアなどを発揮し合い協働しながら、学校の教育目標を実現できる教育力・組織力を向上させていくことが求められる。

(2)　家庭や地域社会と連携・協働する学校

　「社会に開かれた教育課程」の理念は、子供たちが社会とのつながりを意識し、現実社会に向き合い、自分の問題として考えたり解決に取り組んだりすることを重視している。こうした活動は、学校内で閉じた教育課程では実現できない。学校は、保護者に対して積極的に情報を提供したり方向性を共有して家庭教育を行うよう働きかけたりするとともに、中教審答申でも指摘されているように、「地域の人的・物的資源を活用したり、放課後や土曜日等を活用した社会教育との連携を図ったり」することが求められる。このため、新学習指導要領では、家庭や地域社会との連携・協働を深めることが求められている（総則第5－2）。

　中央教育審議会の「新しい時代の教育や地方創生の実現に向けた学校

と地域の連携・協働の在り方と今後の推進方策について（答申）」（平成27年12月21日）では、地域の人々と目標やビジョンを共有し、地域と一体となって子供たちを育む「地域とともにある学校」への転換を図るため、全公立学校がコミュニティ・スクールとなることを目指して取組みを一層推進・加速することなどが提言されている。こうした動向は、学校が核となって地域ぐるみ、社会ぐるみでよりよい教育を創り上げようとする点（「社会総掛かりでの教育」）で、「社会に開かれた教育課程」の考え方と軌を一にするものということができる。

　各学校では、目の前の子供たちがよりよい社会と人生を創造する資質・能力を高め豊かにすることを第一に据え、学校として力を注ぐべき重点を明確にして、家庭や地域社会との連携・協働の在り方を検討していくことが求められている。

【引用文献】
・牧昌見『学校経営の基礎・基本』教育開発研究所、1998年、pp. 8-9

第2章
中央教育審議会答申を踏まえた新たな学校経営課題

一般財団法人教育調査研究所研究部長
寺崎千秋

中央教育審議会答申が提起する新たな学校経営の課題とは

平成28年12月に中央教育審議会答申「幼稚園、小学校、中学校、高等学校及び特別支援学校の学習指導要領等の改善及び必要な方策等について」(以下「中教審答申」と表記)が出された。これを受けて平成29年3月に新学習指導要領が告示された。各学校の教育課程の改訂はこの中教審答申を踏まえ、告示された学習指導要領等に基づいて編成し実施することになる。

各学校・教員は、とかく学習指導要領の趣旨や内容の理解に重点をおくが、その際の前提として中教審答申の内容をしっかりと読んで把握することが必要である。教育課程の改訂は、これまでほぼ10年ごとに行われてきた。これは、時代や社会の変化を受け止めるとともに未来の社会を創り未来に生きる子供たちにどのような力をつけることが必要か、どのような教育を提供することが求められるかなどについて、文部科学大臣が中央教育審議会に諮問し、これを受けて同審議会が議論し、その結果を答申として出すものである。答申は学習指導要領改訂の背景や方向性、求められる教育の内容や方法、条件整備などを示すものであり、これをしっかりと理解し踏まえることが大前提である。

今回、中教審答申は「第1部」で「学習指導要領等改訂の基本的な方向性」について全部で10の章からなる内容で示している。また、「第2部」では「各学校段階、各教科等における改訂の具体的な方向性」を示している。

「第1部」の内容は以下のように示されている。

「第1章 これまでの学習指導要領改訂の経緯と子供たちの現状」で

は、前回改訂までの経緯、平成20年の改訂の趣旨と特色を解説している。また、子供たちの学力や学校生活に関する各学校の取組みの成果や今日の社会の変化への対応の視点からの様々な課題、個別のニーズに対応して一人一人の可能性を伸ばしていくことなどの課題を解説している。

「第2章　2030年の社会と子供たちの未来」では、予測困難な時代に、一人一人が未来の創り手となるために、「生きる力」を育成する学校教育及び教育課程への期待が強いことを示している。また、その方向性は、我が国の子供たちの学びを支えるばかりではなく、世界の子供たちの学びを後押しするものとして期待している。

「第3章　『生きる力』の理念の具体化と教育課程の課題」では、学校教育を通じて子供たちに育てたい姿を示し、そのための教育課程の課題として以下の4点を示している。

○教科等を学ぶ意義の明確化と、教科等横断的な教育課程の検討・改善に向けた課題

○社会とのつながりや、各学校の特色づくりに向けた課題

○子供たち一人一人の豊かな学びの実現に向けた課題

○学習評価や条件整備等との一体的改善・充実に向けた課題

学習指導要領の改善の内容を把握する際に、以上の3つの章の内容を把握するとともに、進化する「生きる力」の育成のための次期教育課程の課題として挙げられているこの4点をしっかりと踏まえることが必要である。学習指導要領の方向性について、第4章から第10章において以下の事項が示されている。

第4章　学習指導要領等の枠組みの改善と「社会に開かれた教育課程」

第5章　何ができるようになるか　―育成を目指す資質・能力―

第6章　何を学ぶか　―教科等を学ぶ意義と、教科等間・学校段階間のつながりを踏まえた教育課程の編成―

第7章　どのように学ぶか　―各教科等の指導計画の作成と実施、学

　　　　　　習・指導の改善・充実—
　第8章　子供一人一人の発達をどのように支援するか　—子供の発達を踏まえた指導—
　第9章　何が身に付いたか　—学習評価の充実—
　第10章　実施するために何が必要か　—学習指導要領等の理念を実現するために必要な方策—

　一読してわかるように、これらの趣旨及び内容は改訂された学習指導要領の「第1章　総則」に示されている。すなわち、新教育課程を編成する際の中核であり基盤となるものである。「総則」は元々各教科等に関する通則的な規定であり、教育課程編成に際してはこれをしっかりと踏まえることが必要であった。今回、教育の在り方を大きく変えることを求めている中教審答申の趣旨や内容を踏まえ、なお一層「総則」を重視し、全教職員のみならず、家庭や地域と一体となって共通理解し教育課程編成に臨むことが大切である。その際、教育課程編成の課題としてここに示されている各章の「問い」及びそこに示された方針や内容に応じ答えるようにすることが求められよう。

　「第2部」では「各学校段階、各教科等における改訂の具体的な方向性」を示している。各学校段階別の課題と解決に向けた取組みの方向性、各教科等の改訂の具体的な方向性を示している。前述の「総則」に関する趣旨や内容を踏まえながら、これらの具体的な方向性に則って全教職員が保護者や地域の人々とも協力・連携して新教育課程を編成できるようリードすることが管理職の責務である。

❷ 学校及び教育課程リニューアルのポイント

　教育課程の改訂はほぼ10年ごとに行われてきた。中教審答申はこれま

での教育の見直しとこれからの教育の在り方の提示である。各学校はこれを受けて教育課程を全面改訂する。これはいわば学校のリニューアルである。単なる改善ではなく全面的な見直しである。したがって、新たな学校づくりを目指した学校経営の在り方が問われるところである。特に今回の改訂は、「教えから学びへの転換」「教育の構造改革」などといわれているように、知識・理解中心の指導から抜けきれなかった教育を「資質・能力」の育成重視にシフトするものである。したがって、これまでになく学校の教育の在り方を全面リニューアルすることが求められている。その学びの地図となるのが改訂された学習指導要領であり、その背景や方向性を示したのが中教審答申である。ここでは、前述した各部や各章の内容やキーワードを基に、学校リニューアルのポイントを示し、どのように取り組んでいくかについて例を示したい。

(1) 学校の教育目標や教育文化等の見直し

　中教審答申の背景や趣旨・内容を理解し、それに基づく新学習指導要領の趣旨や内容を把握しながら、学校がまず取り組むことは、学校の教育目標の見直しである。今回の改訂は、子供たちが自らの未来や新たな未来社会を創造できる資質・能力の育成を重視することから「教えから学びへ」の改革であり、これまで以上の大きな改革であることを中教審答申の内容からしっかりと受け止める必要がある。

　学校の教育目標は育むべき子供の姿や像を示すもので、学校づくりの原点・出発点である。おおむねどこの学校でも「知・徳・体」の視点から設定したり、これらを統合した形の校訓などを受け継いだりして大切にしてきたことであろう。中教審答申では、教育課程が学校教育目標の実現に資するものとなること、学校教育目標の実現を目指すのが教育課程であることを重視している。十年に一度の節目に学校の教育目標や校

訓などが時代や社会の変化、未来を拓く子供たちに育む目的や目標としてふさわしいかどうかを見直すことを求めている。

今回の改訂では、子供たちが未来の自分や社会を創り生きていくために必要な「資質・能力の三つの柱」を以下のように示している。

- 何を理解しているか、何ができるか(生きて働く「知識・技能」の習得)
- 理解していること・できることをどう使うか(未知の状況にも対応できる「思考力・判断力・表現力等」の育成)
- どのように社会・世界と関わり、よりよい人生を送るか(学びを人生や社会に生かそうとする「学びに向かう力・人間性等」の涵養)

学校教育目標はこれを視点にして見直すことが求められている。これらは、新学習指導要領の総則にも簡潔に位置づけられているが、ここに示している意味合いをしっかりと把握し、これらを基に教育目標を見直すようにすることである。

教育目標の見直しと併せて、これまでに学校が大切にしてきた学校の文化や伝統を以前と同様に継続していくのか、更に発展させていくのか、あるいは新たな文化や伝統を創造していくのかなどの再検討も求められる。学校それぞれに、地域の歴史や伝統、文化、時代の変化に対応する情報教育、心や創造性の育成、体育・健康教育、人権教育、ESD等々を視点にし、大切にしてきた学校の文化や伝統がある。これらを再検討することである。教職員が全員でこのことについて一度じっくりと振り返り、検討してみることが必要である。

以上の見直しに当たっては、学校・教職員のみで行うのではなく、チーム学校の視点、地域と学校の連携・協働の視点から、保護者や地域住民と協働して取り組むことが求められている。それだけに、早くから準備し、計画的に取り組むことが必要である。

(2) 新教育課程の編成・指導計画の作成

　教育課程の編成や指導計画の作成は、専門職すなわちプロとしての教職員の最も重要な職務である。学習指導要領は、今回新設された「前文」にあるように、教育課程の新たな理念である「社会に開かれた教育課程」の実現に向けて必要となる教育課程の基準を大綱的に定めたものである。中教審答申は「社会に開かれた教育課程」を新教育課程の理念とし、以下の３点を重視している。

・社会や世界の状況を幅広く視野に入れ、よりよい学校教育を通じてよりよい社会を創るという目標を持ち、教育課程を介してその目標を社会と共有していくこと。

・これからの社会を創り出していく子供たちが、社会や世界に向き合い関わり合い、自らの人生を切り拓いていくために求められる資質・能力とは何かを、教育課程において明確化し育んでいくこと。

・教育課程の実施に当たって、地域の人的・物的資源を活用したり、放課後や土曜日等を活用した社会教育との連携を図ったりし、学校教育を学校内に閉じずに、その目指すところを社会と共有・連携しながら実現させること。

　各学校はこれを踏まえ、学習指導要領に基づいて教育課程を編成し、さらに新教育課程に基づいて具体的な指導計画を作成する。学校・教職員は学校長のリーダーシップの下、一丸となってこの作業を意図的・計画的・組織的に推進することが必要である。

　「意図的に進める」とは、学校教育目標の具現に向けた教育課程を編成することである。その際、繰り返すが中教審答申が示した「生きる力」の理念の具体化と教育課程の課題４点（前述）を意識して行うようにする。学ぶ意義の明確化や教育の内容等を教科等横断的な視点で組み立てていくこと、社会とのつながりや学校の特色を打ち出すこと、子供一人

一人の豊かな学びの実現、学習評価の位置付け、諸条件の整備などを意識し、教育課程の実施に必要な人的又は物的な体制を確保し、これらを踏まえて教育課程を編成することである。

「計画的に進める」とは、平成29年度の新学習指導要領の趣旨の理解の後、同30年度、31年度（中学校は32年度まで）の移行期間に、どのようなスケジュールで教育課程を編成し、さらに指導計画を作成するかについて工程表を作成し、見通しをもって作業を進めることである。今日、多くの地域、学校で若手教職員が増加し、教育課程編成経験のない教職員が多くなっている。また、教育課程編成に新たに保護者や地域の参画を求めてもこれまでに経験がないことから、十分な説明や研修も必要となろう。これらを踏まえて計画的に進めることが肝要である。この間、折りに触れて中教審答申に立ち戻って学び直し、方向性を確認しながら推進することが大切である。

「組織的に進める」とは、全教職員が役割分担し、かつ協働して進めることである。誰か一人や特定の委員会などに任せてはならない。全教職員が携わることを大切にする。さらには、保護者や地域住民が参画して協働して編成作業を進めることである。したがって、作業上、保護者や地域住民がどのような機能を果たせばよいか、学校としての考えをしっかりともっておくことが必要である。

実際の進め方では、まずは、教科等ごとに教育課程を編成することになろう。次に、学習の基盤となる言語能力、情報活用能力（情報モラルを含む）、問題発見・解決等の能力等の資質・能力や、現代的な課題に対応して求められる資質・能力などを育成できるように各教科等の内容を横断的に、あるいは斜めの観点から関連を図り、その関連を位置づけたり、扱う時期を同一にしたりなどの作業を行う。一方、これらを道徳教育、体育・健康の指導、総合的な学習の時間、特別活動などの全体計画や、ESD、キャリア教育、人権教育などの教育課題に関する指導の全

体計画などに位置付ける。そしてこれらを基にして、各教科等の年間指導計画やさらに具体的な単元等の指導計画を作成する。この際も、教育課程に位置付けられている資質・能力の三つの柱の育成を目指し、教科等横断的な視点で指導計画を作成することを重視する。

その際、中教審答申の「第2部　各学校段階、各教科等における改訂の具体的な方向性」の趣旨や内容を確認しながら進めることが大切である。校種別の課題を意識しこれを解決しようとするものになっているか、さらには学校段階の接続を意識し具体化するものになっているか、各教科等の特性としての資質・能力を育成するものになっているか、等々を確認することである。

さらに、具体的な指導計画や指導案では、これまでどちらかというと知識・理解の獲得が中心となって表現されていたが、これからは「資質・能力の育成」をバランスよく指導していくことが求められる。これを指導計画・指導案にどう位置付け表現するかが課題となっている。各学校では、これまでの「思考力・判断力・表現力」育成の指導、「言語活動」の指導の工夫、「活用」の指導の工夫などの経験を生かして、一層の創意工夫が求められるところである。

(3) 「主体的・対話的で深い学びを実現する授業改善」の推進

学校教育目標や学校文化を見直し、これを実現する教育課程を編成し指導計画を作成することは、出発点に立ったに過ぎない。問題は、これを実践し質の高い教育指導を展開できるかということである。中教審答申及びこれに基づく新学習指導要領の改訂では、この視点として「主体的・対話的で深い学びの実現に向かう授業改善」が明確に示されている。いわゆる「アクティブ・ラーニング」の視点である。中教審答申では、このことについて以下のように示している。

○ 「主体的・対話的で深い学び」の実現とは、特定の指導方法のことでも、学校教育における教員の意図性を否定することでもない。教員が教えることにしっかりと関わり、子供たちに求められる資質・能力を育むために必要な学びの在り方を絶え間なく考え、授業の工夫・改善を重ねていくことである。

○ 「主体的・対話的で深い学び」の実現とは、以下の視点に立った授業改善を行うことで、学校教育における質の高い学びを実現し、学習内容を深く理解し、資質・能力を身に付け、生涯にわたって能動的（アクティブ）に学び続けるようにすることである。

「主体的な学び」：学ぶことに興味や関心を持ち、自己のキャリア形成の方向性と関連付けながら、見通しを持って粘り強く取り組み、自己の学習活動を振り返って次につなげる学び。

「対話的な学び」：子供同士の協働、教職員や地域の人との対話、先哲の考え方を手掛かりに考えること等を通じ、自己の考えを広げ深める学び。

「深い学び」：習得・活用・探究という学びの過程の中で、各教科等の特質に応じた「見方・考え方」を働かせながら、知識を相互に関連付けてより深く理解したり、情報を精査して考えを形成したり、問題を見いだして解決策を考えたり、思いや考えを基に創造したりすることに向かう学び。

　これまでの各学校の実態では、これらの視点からの実践力は十分とはいえない状況にある。したがって、校内研修を充実させて教職員の指導力を高める必要がある。具体的には以下のような取組みが考えられ、これらを意図的・計画的・組織的に推進することが求められる。

・学習指導要領が求める「主体的・対話的で深い学び」とはどのよう

な学びかを中教審答申や、これを受けて解説したり実践例を示したりしている教育図書や雑誌などを基に校内研修会で学習する。
・「アクティブ・ラーニング」は現行の教育課程でも重視している。各教科等でのこれまでの実践例を出し合い、具体的な指導の姿や在り方を学び合う。
・「深い学び」を今後どうとらえていくか、各教科等の特質に応じた「見方・考え方」との関連を学習し、これをどのように指導計画・指導案に位置付け、実践するかについて検討して実践する。
・以上を踏まえながら、校内研究・研修や学校全体の授業研究などで実践的に探究し、互いの実践を報告し合い学び合うようにする。
・個人としても週の指導計画(週案)を基に授業の計画、実施、評価、改善のカリキュラム・マネジメントを実践し、自らの資質・能力の向上に努めるようにする。

(4) カリキュラム・マネジメントサイクルの確立

　子供の未来を拓く資質・能力の三つの柱を確かに身に付けさせる教育課程の編成、そしてこれを実現できる主体的・対話的で深い学びを実現できる授業改善に欠かせないのがカリキュラム・マネジメントであり、そのサイクルを確立することが重要である。
　カリキュラム・マネジメントは中教審答申において以下のように示されている。

> 　各学校には、学習指導要領等を受け止めつつ、子供たちの姿や地域の実情等を踏まえて、各学校が設定する学校教育目標を実現するために学習指導要領等に基づき教育課程を編成し、それを実施・評価し改善していくことが求められる。これが、いわゆる「カリキュ

ラム・マネジメント」である。

> 「カリキュラム・マネジメント」の三つの側面
> ・各教科等の教育内容を相互の関係で捉え、学校教育目標を踏まえた教科等横断的な視点で、その目標の達成に必要な教育の内容を組織的に配列していくこと。
> ・教育内容の質の向上に向けて、子供たちの姿や地域の現状に関する調査や各種データ等に基づき、教育課程を編成し、実施し、評価して改善を図る一連のPDCAサイクルを確立すること。
> ・教育内容と、教育活動に必要な人的・物的資源等を、地域等の外部の資源も含めて活用しながら効果的に組み合わせること。

ちなみにこの三つの側面は、新学習指導要領「第1章　総則　第1の4」に以下のように規定されている。

> 4　各学校においては、児童や学校、地域の実態を適切に把握し、教育の目的や目標の実現に必要な教育の内容等を教科等横断的な視点で組み立てていくこと、教育課程の実施状況を評価してその改善を図っていくこと、教育課程の実施に必要な人的又は物的な体制を確保するとともにその改善を図っていくことなどを通して、教育課程に基づき組織的かつ計画的に各学校の教育活動の質の向上を図っていくこと（以下「カリキュラム・マネジメント」という。）に努めるものとする。

以上のように、カリキュラム・マネジメントが中教審答申で重視され、学習指導要領に規定されたことをしっかりと受け止め、その実現に

努めることが責務である。

　教育課程の編成・指導計画の作成は出発点であり、その後の実施、評価、改善の過程をしっかりとつなげて学校の教育の質を高めること、それに伴う学校運営の改善を図ることである。これについては、多くの学校で実践されてきたが、改めて見直したいのは、マネジメントサイクルの確立ということである。すなわち、評価し（C）改善策を立て次に実践する（A）内容や方法・手立てなどが、次の計画（P）に具体的に反映されているかということである。計画に乗っていなければ、全教職員が一致して行うことにつながらなくなりサイクルは確立しない。つまり、教育の質は高まらない、学校運営は改善されないということになる。学校・教職員が創意工夫や努力しているにもかかわらず、十分な成果が果たせないのはこのサイクルが確立していないからではないかと考えている。是非、このことを意識してサイクルの確立を実践してもらいたい。

(5) 校種別の課題への対応

　教育課程に関する校種別の課題について本稿では特に小学校について取り上げる。中教審答申では以下の4点を挙げている。

① 発達段階に応じた課題の解決

　小学校段階については、小学校教育の基本として、幼児教育や中学校教育との接続を図りながら、子供たちにとって幅のある6年間を、低学年、中学年、高学年の発達の段階に応じた資質・能力の在り方や指導上の配慮を行うことを求めている。以下はその要点である。

〈低学年〉　2年間で生じる学力差がその後に大きく影響するとの指摘を踏まえ、中学年以降の学習の素地の形成や一人一人のつまずきを早期に見いだし指導上の配慮を行う。

〈中学年〉 低学年において具体的な活動や体験を通じて身に付けたことを、次第に抽象化する各教科等の特質に応じた学びに円滑に移行できるよう指導上の配慮を行っていく。

〈高学年〉 子供たちの抽象的な思考が高まる時期であり、教科等の学習内容の理解をより深め、資質・能力の育成につなげる観点、生徒指導上の課題への対応の観点から、学級担任のよさを生かしつつ専科指導を充実することによる指導の専門性の強化を図る。

以上、幼児教育や中学校教育との接続を考慮しながら、高等学校卒業までに育成を目指す資質・能力や、義務教育を通じて育成を目指す資質・能力の在り方などを見通して教育課程を編成することが必要である。

② 言語能力の育成と国語教育、外国語教育の改善・充実

小学校段階においては、学習や生活の基盤作りという観点から、言語を扱う国語教育と外国語教育の改善・充実と両者の連携を図り、言語能力の育成を推進するとしている。国語教育に関する課題としては、目的に応じて情報を整理して文章にすることや文章全体の構成や表現の工夫をとらえることなどが明らかになっている。これに対応すべく教科目標や内容の見直しが図られるが、特に、低学年において、語彙量を増やしたり、語彙力を伸ばしたりして、語彙を生活の中で活用できるように指導の改善・充実を求めている。学力調査等でとかく高学年の国語力に目が向きがちであるが、改めて低学年からの国語力の向上、言語活動の充実を重視した教育課程の編成に取り組む必要がある。

外国語教育の充実に関しては、小・中・高等学校を通じて一貫して育成を目指す「聞くこと」「読むこと」「話すこと（やり取り）」「話すこと（発表）」「書くこと」の領域別の目標を設定して初等中等教育全体を見通して確実に育成することを求めている。その上で中学年から「聞くこと」「話すこと」を中心とした外国語活動を通じて外国語に慣れ親しみ、外国語学習への動機付けを高めた上で、高学年から発達の段階に応じて

段階的に文字を「読むこと」及び「書くこと」を加えて、総合的・系統的に扱う教科学習を行うとしている。時数は、高学年で70単位時間、中学年で35単位時間が必要としている。

　中教審答申では、高学年、中学年それぞれの位置付けについての方向性や、語彙、表現などについて重視することを示している。今後、これらの基本を理解し踏まえることが大切である。また、言語能力向上の観点から、国語教育との関連を図り言語としての共通性や固有の特徴に気付くなどの相乗的な効果を生み出し、言語能力の効果的な育成につなげていくことを求めている。このことは教科等横断的なカリキュラム・マネジメントであり、教育課程編成の際の重要な視点として認識する必要がある。

　③　情報技術を手段として活用する力やプログラミング的思考の育成
　情報技術を手段として活用する力やプログラミング的思考の育成については、発達の段階に応じて情報活用力を体系的に学んでいくことが重要とし、小学校段階では、情報技術の基本的操作の着実な習得を求めている。これまでも情報技術の基本的操作等は教育課程に位置付けて実施してきたが、今後その能力が着実に身に付くことを求めており、指導の充実を図る必要がある。また、将来どのような職業に就くとしても時代を越えて普遍的に求められる「プログラミング的思考」を含むプログラミング教育の実施が求められるとし、小学校においてもその実情などに応じて、プログラミング教育を行う単元を位置付ける学年や教科等を決め、指導内容を計画・実施していくとしている。今後、指導事例集や教材等の開発・改善や研修の実施、環境整備が行われるが、これらと連携して教育課程の編成や指導力の向上などに努めることが必要である。

　④　小学校における弾力的な時間割編成
　各小学校では、学習指導要領に基づき育成を目指す資質・能力を設定し、時間割の編成を含めて指導内容を体系化したり、地域や社会との連

携・協働の中で、人的・物的資源をどのように活用していくかを計画したりしていくことが求められている。このことは、学校の教育目標の見直しであり、それを実現するカリキュラム・マネジメントである。次期教育課程では、学びの量と質の双方が重要であるとし、教科と教科横断的な学習の双方の充実を求め、そのために各教科等の指導内容は維持しつつ、資質・能力の育成の観点から質的な向上を図ることが前提となり、指導内容や授業時数の削減はしない。一方で、高学年の外国語の教科化や中学年の外国語活動の導入による授業時数増に対応すべく、短時間学習の導入等の時間割の弾力的な編成の工夫が必要となっている。中教審答申の中でも時間割編成の事例や配慮事項が示されているが、今後、文部科学省が提供する資料などを参考にして各学校で創意工夫することになるが、これもカリキュラム・マネジメントの一環である。

これからの学校づくり・教育課程の編成における管理職の役割

　これからの学校づくり・教育課程編成について重要なポイントを挙げたが、これを推進する上での管理職の役割について以下の点を重視する。
　○新たな学校づくりのビジョンと向こう数年間を見通した学校経営方針案の提示。これに教職員や保護者、地域の人々の意見も十分に聞いて取り入れるようにし、学校・家庭・地域が一体となった新学校づくりを進めることができるようにする。
　○新教育課程全面実施に向けた取組みの組織体制の確立、取組みの年次計画や各年次の工程表の作成と提示。家庭・地域にも提示し、すべての人々が見通しをもって新教育課程編成に取り組むようにする。
　○校内研究・研修体制の見直しと確立。新たに取り組むべきことが増

え研修が重要になる。そのための時間や場の確保を学校経営方針に示すとともに、学校運営の重点化を図り確実に取り組めるようにする。

○ICT環境の見直しと整備。今後、急速に進むことが予想されるICT化にどのように取り組むか、教育委員会とも連携し見通しを示す。

○家庭・地域への説明と協働体制の確立。

以上の内容を日頃から継続的に家庭や地域に知らせ説明を繰り返すとともに、協力連携を求めてともに新たな学校づくりを進めていくようにする。

これらすべては「社会に開かれた教育課程」の実現を核にして相互に関連し全体を構想する。管理職はその構想をもって学校経営を進めることが大切である。具体的な取組みについては第3章以下を参照されたい。

第3章
「社会に開かれた教育課程」の実現
―「総則」を学校づくりの視点から読む―

横浜国立大学教職大学院教授
石塚 等

新学習指導要領の理念について

　平成29年3月31日、新しい小学校及び中学校の学習指導要領が告示された。新学習指導要領では、平成28年12月21日の中央教育審議会の「幼稚園、小学校、中学校、高等学校及び特別支援学校の学習指導要領等の改善及び必要な方策等について（答申）」（以下「中教審答申」という）を受け、2030年の社会と子供たちの未来を見据え、将来を予測することが困難な社会において、主体的に生きていくために必要な資質・能力を育むことを重視し、求められる資質・能力を社会と共有し、社会と連携・協働しながら育む「社会に開かれた教育課程」を基本的な理念として掲げている。

　今回の改訂に当たっては、アクティブ・ラーニングやカリキュラム・マネジメントなどに注目が集まっているが、「社会に開かれた教育課程」の考え方について理解を深めながら、教育課程の改善を通した学校づくりが必要である。

 2030年の社会と子供たちの未来

　中教審答申では、2030年頃の社会の在り方とその先も見通した姿を考えることが重要としている。その中で、人工知能の急速な進化や職業構造の将来予測などを紹介しつつ、近年、情報化やグローバル化などの社会変化が人間の予測を超えて加速度的に進展し、将来の社会変化を予測することが困難な時代になったと指摘している。

　これまでの学習指導要領の改訂においても、社会情勢や社会変化は強

く意識され影響を与えてきた。例えば、①平成20年（高校は平成21年）改訂時は知識基盤社会化やグローバル化、②平成10年（高校は平成11年）改訂時は国際化、情報化、科学技術の進展、環境問題への関心の高まり、高齢化・少子化などの社会変化が取り上げられ、それらの社会変化に対応した新しい時代の教育課程の在り方が検討されてきた。

今回の中教審答申では、将来の社会変化を予測することが困難な時代と指摘したうえで、「予測できない変化に受け身で対処するのではなく、主体的に向き合い関わり合い、その過程を通して、自らの可能性を発揮し、よりよい社会と幸福な人生の創り手になっていけるようにすることが重要」と指摘している。

新学習指導要領は、小学校が平成32年（2020年）度から、中学校が平成33年（2021年）度からそれぞれ全面実施される。2030年という未来は、2020年に小学校に入学した児童が高校2年に、2021年に中学校に入学した生徒が4年制大学を出て社会人1年目になるという時代である。この学習指導要領により学習していく子供たちが、社会の変化を乗り越え、人生を切り拓き、社会に出て活躍する時代の創り手となることを求めているのである。

❸ 「社会に開かれた教育課程」の理念

新学習指導要領における「社会に開かれた教育課程」とは、どのようなものか考察する。

(1) 中教審答申における「社会に開かれた教育課程」

中教審答申においては、これからの教育課程には、社会の変化に目を

向け、教育が普遍的に目指す根幹を堅持しつつ、社会の変化を柔軟に受け止めていく「社会に開かれた教育課程」としての役割が必要とされ、「社会に開かれた教育課程」としては次の三点が重要としている。

> ① 社会や世界の状況を幅広く視野に入れ、よりよい学校教育を通じてよりよい社会を創るという目標を持ち、教育課程を介してその目標を社会と共有していくこと。
> ② これからの社会を創り出していく子供たちが、社会や世界に向き合い関わり合い、自らの人生を切り拓いていくために求められる資質・能力とは何かを、教育課程において明確化し育んでいくこと。
> ③ 教育課程の実施に当たって、地域の人的・物的資源を活用したり、放課後や土曜日等を活用した社会教育との連携を図ったりし、学校教育を学校内に閉じずに、その目指すところを社会と共有・連携しながら実現させること。

(2) 学習指導要領における「社会に開かれた教育課程」

　新学習指導要領においては、新たに前文が設けられ、「社会に開かれた教育課程」の実現や学校の役割など、学習指導要領が目指す理念が示されている。その中で「社会に開かれた教育課程」については、中教審答申を踏まえ、次のとおり示されている。

> 　教育課程を通して、これからの時代に求められる教育を実現していくためには、よりよい学校教育を通してよりよい社会を創るという理念を学校と社会とが共有し、それぞれの学校において、必要な学習内容をどのように学び、どのような資質・能力を身に付けられ

> るようにするのかを教育課程において明確にしながら、社会との連携及び協働によりその実現を図っていくという、社会に開かれた教育課程の実現が重要となる。

(3) 「社会に開かれた教育課程」の実現に向けて

　「社会に開かれた教育課程」における「社会」については、二つの側面からとらえられる。一つは、2030年及びそれ以降を視野に入れた「将来の社会」という側面である。もう一つは、連携・協働の対象としての「地域社会」という側面である。

　これらを踏まえ、「社会に開かれた教育課程」の実現を図るためには、次の視点に立って取り組むことが重要である。

① よりよい社会を創るという理念の学校と社会の共有化

　これからの時代を生きていく子供たちがよりよい社会を創っていくためには、学校教育を通じてどのような資質・能力の育成を目指すのか、それら資質・能力と社会がどのようなつながりになっているのかなどについて、学校と地域社会とが広く共通理解を図り共有化していくことが必要である。

　地域社会の側から見れば、育成すべき資質・能力は、学校教育だけで育まれるものではなく、家庭教育や地域社会との関わりの中で育成されていくこともある。地域住民や保護者が学校づくりや教育課程に対する理解を深めることにより、学校をよりよいものにしようという当事者意識を高めていくことが大切である。

② 求められる資質・能力についての教育課程における明確化

　これまでの学習指導要領は、各教科等で「何を教えるか」という観点を中心に組み立てられており、そのことが「何を知っているか」という視点での指導にとどまりがちとの指摘もあった。

新学習指導要領では、各教科等の指導を通じて「何ができるようになるか」を重視するという視点に立っており、各学校においては当該教科等を学ぶ本質的な意義を踏まえ、育成すべき資質・能力を明確にすることが重要である。また併せて、各教科等の視点のみならず教科等横断的な視点に立って、教育課程全体を通して育成すべき資質・能力を明確にすることも重要である。
　各学校においては、予測困難な社会を生きていくために必要な資質・能力とは何か、その資質・能力をどのように育成していくのかについて教育課程において明確化していくことが求められる。
　③　社会との連携・協働の推進
　地域住民等の参画により、地域と学校が連携・協働して様々な学校への支援活動が「学校支援地域本部」等の枠組みの中で実施されている。具体的には、学校での授業補助、ICT活用等による学習支援、図書室や校庭の環境整備などが行われている。
　これからは、学校と地域がより良きパートナーとして、一体となって子供を育てていくという考え方に立つことが求められている。そのためには、地域で学校を支援する仕組みづくりを更に促進させ、学校教育の目指すところを社会と共有し連携・協働しながら実現に向けて取り組んでいくことが重要である。

❹ 育成を目指す資質・能力、「主体的・対話的で深い学び」、カリキュラム・マネジメント

　「社会に開かれた教育課程」の理念の下、育成を目指す資質・能力、「主体的・対話的で深い学び」を実現するための授業改善、カリキュラム・マネジメントの確立とは、どのようなものか考察する。

(1) 育成を目指す資質・能力

中教審答申では、育成を目指す資質・能力について、次の三つの柱に基づき整理している。

---

① 何を理解しているか、何ができるか（生きて働く「知識・技能」の習得）
② 理解していること・できることをどう使うか（未知の状況にも対応できる「思考力・判断力・表現力等」の育成）
③ どのように社会・世界と関わり、よりよい人生を送るか（学びを人生や社会に生かそうとする「学びに向かう力・人間性等」の涵養）

新学習指導要領総則「第1 小（中）学校教育の基本と教育課程の役割」においては、中教審答申における育成を目指す資質・能力を踏まえ、
 (1) 知識及び技能が習得されるようにすること。
 (2) 思考力、判断力、表現力等を育成すること。
 (3) 学びに向かう力、人間性等を涵養すること。
が偏りなく実現できるようにすると示している。

各学校では、新学習指導要領に示す資質・能力を踏まえ、各教科等の学習を通じてどのような資質・能力を育成しようとするのか、教科等横断的な視点に立って、教育課程全体を通してどのような資質・能力を育成しようとするのかについて明確にすることが重要となる。

(2) 「主体的・対話的で深い学び」の実現

中教審答申では、「アクティブ・ラーニング」という用語を単独で使

用せずに、「主体的・対話的で深い学び」の実現（「アクティブ・ラーニング」の視点）という表現に改められた。これにより、授業改善の意図がより明確となり、理解も得られやすくなったと考える。「主体的・対話的で深い学び」の実現のためには、次の三つの視点から授業改善の必要性を指摘している。

① 学ぶことに興味や関心を持ち、自己のキャリア形成の方向性と関連付けながら、見通しを持って粘り強く取り組み、自己の学習活動を振り返って次につなげる「主体的な学び」が実現できているか。
② 子供同士の協働、教職員や地域の人々との対話、先哲の考え方を手掛かりに考えること等を通じ、自己の考えを広げ深める「対話的な学び」が実現できているか。
③ 習得・活用・探究という学びの過程の中で、各教科等の特質に応じた「見方・考え方」を働かせながら、知識を相互に関連付けてより深く理解したり、情報を精査して考えを形成したり、問題を見いだして解決策を考えたり、思いや考えを基に創造したりすることに向かう「深い学び」が実現できているか。

新学習指導要領総則「第3　教育課程の実施と学習評価」においては、中教審答申を踏まえ、育成を目指す資質・能力が偏りなく育成されるよう、主体的・対話的で深い学びの実現に向けた授業改善を求めている。

(3)　カリキュラム・マネジメント

中教審答申では、カリキュラム・マネジメントについて次の三つの側面からとらえている。

> ①　各教科等の教育内容を相互の関係で捉え、学校教育目標を踏まえた教科横断的な視点で、その目標の達成に必要な教育の内容を組織的に配列していくこと。
> ②　教育内容の質の向上に向けて、子供たちの姿や地域の現状等に関する調査や各種データ等に基づき、教育課程を編成し、実施し、評価して改善を図る一連のPDCAサイクルを確立すること。
> ③　教育内容と、教育活動に必要な人的・物的資源等を、地域の外部の資源も含めて活用しながら効果的に組み合わせること。

　教育課程の評価と改善は、これまでも主に②のPDCAサイクルの観点から取組みが行われてきた。これに加え、新学習指導要領の理念である「社会に開かれた教育課程」を踏まえ、①及び③の側面からとらえることも重要である。
　新学習指導要領総則「第1　小（中）学校教育の基本と教育課程の役割」においては、中教審答申で指摘した三つの側面を踏まえ、カリキュラム・マネジメントという用語を使いその積極的な取組みをうながしている。記述は次のとおりである。

> 　各学校においては、児童（生徒）や学校、地域の実態を適切に把握し、教育の目的や目標の実現に必要な教育の内容等を教科等横断的な視点で組み立てていくこと、教育課程の実施状況を評価してその改善を図っていくこと、教育課程の実施に必要な人的又は物的な体制を確保するとともにその改善を図っていくことなどを通して、教育課程に基づき組織的かつ計画的に各学校の教育活動の質の向上を図っていくことに努めるものとする。

⑤ 「次世代の学校・地域」創生プランについて

　「社会に開かれた教育課程」を実現するためには、関連する諸改革との連携を図ることや必要な条件整備を図ることが不可欠である。
　中央教育審議会は、平成27年12月21日に、学校と地域との連携・協働の在り方、教員の資質・能力の向上、「チームとしての学校」の在り方に関する三つの答申を取りまとめた。それら答申の内容の具体化を推進するために、文部科学省は、平成28年1月25日に「次世代の学校・地域」創生プランを策定した。

①　学校と地域の連携・協働の推進に向けた改革

　学校と地域との連携・協働の在り方に関する答申は、地域社会のつながりや支え合いの希薄化による地域の教育力の低下、いじめ・不登校などの生徒指導上の課題や特別支援教育の充実への対応など学校が抱える課題が複雑化・多様化する中、これからの地域と学校との目指すべき連携・協働の姿を描いている。
　これを受け、学校と地域の連携・協働の推進に向けた改革は、学校と地域の連携・協働の下、幅広い地域住民等が参画し、地域全体で学び合い未来を担う子供たちの成長を支え合う地域をつくる活動（地域学校協働活動）を全国的に推進することとしている。そして、この活動を推進する体制として、従来の「学校支援地域本部」を「地域学校協働本部」へと発展させていくこと、地域住民と学校との連絡調整を行う「地域コーディネーター」の育成・確保などを行うこととしている。
　こうした改革は、「支援」から「連携・協働」へ、「個別の活動」から「総合化・ネットワーク化」へと発展させるとともに、地域におけるコーディネート機能を充実させていくことを目指すものである。

第3章
「社会に開かれた教育課程」の実現——「総則」を学校づくりの視点から読む——

② 教員の資質・能力の向上に向けた改革

　新学習指導要領の理念を実現するためには教員の資質・能力の向上が不可欠なことはいうまでもない。この改革では、英語、道徳、ICT、特別支援教育などの新学習指導要領における新たな課題や「主体的・対話的で深い学び」の視点化からの授業改善に対応した教員研修や教員養成を充実することとしている。

③ 「チームとしての学校」に向けた改革

　「チームとしての学校」とは、学校や教員が心理や福祉等の専門スタッフ等と連携・分担する体制を整備し、学校の機能を強化することである。この改革では、複雑化・多様化する教育課題に適切に対応することができるよう、教員が心理や福祉等の専門スタッフと連携・分担する「専門性に基づくチーム体制の構築」、優秀な管理職を確保するための取組みや校長のマネジメント体制を支える仕組みを充実する「学校のマネジメント機能の強化」、人材育成の充実や業務環境の改善の取組みを進める「教職員一人一人が力を発揮できる環境の整備」などの施策を講じることとしている。

❻ 「社会に開かれた教育課程」の理念の下での学校づくり

(1) 校内における学習指導要領の理念の共通理解

　新学習指導要領が目指す理念を実現するためには、教職員一人一人が「社会に開かれた教育課程」の考え方、育成を目指す資質・能力、授業改善の意義などを確実に理解することが必要である。

　その中でも、育成すべき資質・能力とは何かを、自校の教育課程にお

いて明確化し校内で共有化していくことが重要である。その際、子供たちに必要な資質・能力を育むために、①各教科等を学ぶ意義は何か、各教科等を通じてどのような力が身に付くのかという視点、②教科等横断的な観点から育成すべき資質・能力は何かという視点、これらの視点を踏まえて検討を行うことが求められる。

各学校においては、校内研修の場などを通じて、新学習指導要領の理念や考え方について教職員全体の共通理解を進めるようにしたい。

(2) 教員の資質・能力の向上に向けた取組み

「主体的・対話的で深い学び」の実現やカリキュラム・マネジメントの確立には、授業改善、教材研究、学習評価の改善・充実など、教員一人一人の力量を高めていくことが不可欠である。

これまで校内研修や授業研究などの取組みを通じて、教員の指導力の向上に成果を上げているが、新学習指導要領における理念を実現する観点から、「主体的・対話的で深い学び」の視点に立った授業改善、カリキュラム・マネジメントへの理解などの内容を取り入れるなど校内研修の充実が求められる。

平成29年4月に設置された「独立行政法人教職員支援機構」においては、これまで教員研修センターとして実施してきた教職員への研修に、新たに教員の資質能力向上に関する調査研究や、教職員に対する総合的支援を行う全国拠点としての機能が加えられた。校内研修や授業改善に役立つプログラムの開発を期待したい。

(3) 専門性に基づく学校におけるチーム体制の構築

いじめ・不登校などの生徒指導上の課題や特別支援教育の充実への対

応など学校が抱える課題が複雑化・多様化し、各学校の中だけで十分に課題を解決することは困難になってきている。一方、各種調査で明らかになったように、我が国の教員は、授業に加え、生徒指導、部活動など様々な業務に携わり、かつ勤務時間も長時間にわたるなど、子供と向き合う時間が十分に確保されていない現状にある。

新学習指導要領総則「第4 児童（生徒）発達の支援」においては、障害のある児童（生徒）などについては、「家庭、地域及び医療や福祉、保健、労働等の業務を行う関係機関との連携」を図ること、不登校児童（生徒）については、「保護者や関係機関と連携を図り、心理や福祉の専門家の助言又は援助を得ながら、社会的自立を目指す観点から、個々の児童（生徒）の実態に応じた情報の提供その他必要な支援を行う」ことと位置付けられた。

新中学校学習指導要領総則「第5 学校運営上の留意事項」においては、教育課程外の活動（部活動）について「学校や地域の実態に応じ、地域の人々の協力、社会教育施設や社会教育関係団体等の各種団体との連携などの運営上の工夫を行い、持続可能な運営体制が整えられるようにする」ことと位置付けられた。

「チームとしての学校」の考え方の下、複雑化する課題への対応に向け、教員と専門スタッフとの連携・分担や関係機関との連携を一層進めることが重要である。

(4) 教育課程の改善と学校評価

新学習指導要領におけるカリキュラム・マネジメントの位置付けについては、4の(3)で紹介したとおりである。

さらに新学習指導要領総則「第5 学校運営上の留意事項」においては、教育課程の改善と学校評価について、次のように示されている。

> 各学校においては、校長の方針の下に、校務分掌に基づき教職員が適切に役割を分担しつつ、相互に連携しながら、各学校の特色を生かしたカリキュラム・マネジメントを行うよう努めるものとする。また、各学校が行う学校評価については、教育課程の編成、実施、改善が教育活動や学校運営の中核となることを踏まえつつ、カリキュラム・マネジメントと関連付けながら実施するよう留意するものとする。

　ここでは、校長のリーダーシップを発揮すること、全教職員が参画し適切な役割分担し連携すること、学校の特色を生かしたものとすることなどカリキュラム・マネジメント実施上の組織体制について留意事項として示されている。
　また、カリキュラム・マネジメントと学校評価との関係についても言及している。学校評価は、教育活動や学校運営について目標を設定し、その達成状況や達成に向けた取組みについて評価し、学校として組織的・継続的な改善を図ることを目的としている。教育課程の編成、実施、改善が学校での教育活動や学校運営の中核となることを踏まえると、カリキュラム・マネジメントと学校評価とは、その趣旨や目的、内容のかなりの部分で重なり合うこととなる。
　文部科学省が策定している「学校評価ガイドライン〔平成28年改訂〕」でも、評価項目・指標として、「各教科等の授業の状況」「教育課程の状況」が例示されている。学校評価とカリキュラム・マネジメントは、ともに当該学校での教育の改善に向けた取組みであることを考えれば、学校評価とカリキュラム・マネジメントの真の目的を考慮し、負担軽減の観点からも検討することが望ましい。

(5) 家庭や地域社会との連携及び協働

新学習指導要領総則の「第5　学校運営上の留意事項」において、家庭や地域社会との連携及び協働について、次のように位置付けている。

> 学校がその目的を達成するため、学校や地域の実態等に応じ、教育活動の実施に必要な人的又は物的な体制を家庭や地域の人々の協力を得ながら整えるなど、家庭や地域社会との連携及び協働を深めること。

各学校においては、学校と地域がより良きパートナーとして、一体となって子供を育てていくという考え方に立ち、家庭や地域社会との連携を深めることが重要である。

各学校においては、教育活動の実施に当たり①家庭や地域の人々の積極的な協力を得ること、②地域の物的な教育資源を積極的に活用すること、③学校の教育目標や特色ある学校づくりについて家庭や地域社会と共有化することなどが求められる。

 ## 新学習指導要領の着実な実施に向けて

各学校においては、新学習指導要領の理念である「社会に開かれた教育課程」についての確実な理解のうえで、「主体的・対話的で深い学び」の実現に向けた授業改善やカリキュラム・マネジメントの確立に向けて取り組むことが必要となる。

新学習指導要領の理念を実現するためには、教員が授業改善に向けて取り組んだり、複雑化する教育課題の解決のために取り組んだり、子供

と向き合う余裕を確保できるようにしたりすることが求められる。このため国において、必要な教職員定数の拡充、教員研修の充実など条件整備に一層努めることは必要不可欠である。

　新学習指導要領は、小学校の平成32年度から、学校段階ごとに順次実施される。新学習指導要領の実施までの移行期間中においては、その理念の実現のために研究や研修を重ね、新学習指導要領の円滑な実施のために必要な準備を進めることが求められる。特に、「主体的・対話的で深い学び」やカリキュラム・マネジメントについては、新学習指導要領の実施を待ってから検討すればよいというものではない。移行期間中から研究や検討を重ねてよい実践は先行して取り入れていくことが大切である。

　学校は日々の教育活動や学校運営に追われ多忙な中ではあるが、新学習指導要領の着実な実施に向け、早めの準備に着手してほしい。

【参考文献】
- 中央教育審議会「幼稚園、小学校、中学校、高等学校及び特別支援学校の学習指導要領等の改善及び必要な方策等について（答申）」2016年12月
- 小学校学習指導要領（平成29年3月31日告示）
- 中学校学習指導要領（平成29年3月31日告示）
- 中央教育審議会「新しい時代の教育や地方創生の実現に向けた学校と地域の連携・協働の在り方と今後の推進方策について（答申）」2015年12月
- 中央教育審議会「チームとしての学校の在り方と今後の改善方策について（答申）」2015年12月
- 中央教育審議会「これからの学校教育を担う教員の資質向上について〜学び合い、高め合う教員育成コミュニティの構築に向けて〜（答申）」2015年12月
- 「次世代の学校・地域」創生プラン（文部科学大臣決定　平成28年1月15日）
- 文部科学省「学校評価ガイドライン〔平成28年改訂〕」2016年3月

第4章
次代の子供を育てる学校教育目標

千葉大学特任教授
天笠 茂

1 学校が学校教育目標を設定する意義

(1) 学校教育目標を有名無実化させていることについて

　まずは、各学校において学校教育目標を設ける意義について述べておきたい。もし、"学校としてわざわざ学校教育目標を設定する必要はない"という学校教育目標無用論に出会ったならば、それにどう向き合うか。その主張は、教育基本法や学校教育法などにおいて公教育の目的や目標は規定されており、それをもってすれば、学校として教育目標をわざわざ掲げる必要もなく、二度手間も避けられるというものである。

　実際に、同様の用語や言い回しを二重、三重に用いて屋上屋を重ねるような状況も認められる。何よりも学校教育目標を掲げていても、それらが教職員の行動や意識に影響を及ぼすことはなく、存在感も乏しく、あまり意味をなしていないようにとらえられる学校も現実に存在する。まさに、学校教育目標を"有名無実化"させているところが、無用論を生み出す背景としてある。

　もっとも、このような学校教育目標の無用論については、今日に限ったことではなく、すでにかねてから存在していたようである。およそ半世紀前、次のような指摘がなされている。

　「教育基本法や学校教育法に、教育一般の目的や学校段階ごとの目的および目標が示されており、具体的には学習指導要領等に詳細な目標の定めがあるから、学校ごとに教育目標を立てて教育することは必要ではないとする観念は、いまも教育界にないとはいえない。また、たとえ教育目標を学校で定めてみても、実際に学校教育が行われる場合に、その目標以前の教育一般の原理や教科のねらいに左右されるところが大き

く、結局は教育目標が浮いたものになるのが普通だから、あえて苦心した目標の設定にエネルギーを消費する必要もない、という実感を持つ教育者も決して少なくはない[1]。」

その意味で、学校教育目標の無用論が十分に克服されることなく、今日まで引き継がれているところに、学校教育目標をめぐるマネジメントの課題があるということになる。

そこで、学校教育目標の無用論には、次の点から向き合う必要がある。すなわち、学校教育目標の設定は、学校において編成する教育課程とともにあることに意義を見いだしたい。

このたび改訂された新しい学習指導要領の総則は、教育課程の編成が各学校において求められていることを次のように示している。

「各学校においては、教育基本法及び学校教育法その他の法令並びにこの章以下に示すところに従い、児童の人間として調和のとれた育成を目指し、児童の心身の発達の段階や特性及び学校や地域の実態を十分考慮して、適切な教育課程を編成するものとし、これらに掲げる目標を達成するよう教育を行うものとする。」

これは、学習指導要領が試案とされた時代から今日に至るまで一貫して維持してきた教育課程の編成に関わるシステム及び運用の原則について、その行政及び経営に関わる根幹を記した事項ということになる。

教育の目的や目標を達成するために総合的に組織された教育計画である教育課程において、その編成・実施・評価に当たって、学校教育目標の存在を欠かすことはできない。まさに、教育課程の編成は、学校教育目標とともにあり、両者の密接な関係のもとにとらえる必要がある。

さらにいうならば、学校が組織体としてあることも、学校教育目標を必要としているということである。協働して実現を目指す方向性を明示するものとして、学校教育目標は存在している。

学校は、多くの教職員の協働によって成り立っている。そこには共通

に向かう一定の方向性が問われ、組織としての共通目標が学校教育目標として求められることになる。

　学校教育目標は学校の教育意思として示されたものでもある。授業をはじめとして、学校生活も、組織運営も、環境の設計も、この学校教育目標をもとにして企画・立案され、様々なアイディアのもとに進められるはずである。

　その意味で、学校が組織であることが目標を求めることと結び付く。そこで教育課程の編成をもとに授業をはじめとする教育活動がなされ、これらの活動について方向性を指し示すものとして、また、様々な人々の間に関係をつくり協働を生み出すために、学校教育目標を欠かすことができない、ということにつながるのである。

(2) 学校教育目標を見直す・見直さない

　一方、学校教育目標の意義がとらえられたにしても、なかなか変えにくいということで、その見直しに戸惑う学校も少なくない。

　学校教育目標を短期間に変えていく学校は、どちらかといえば例外的ということになる。見直しはあまり行わず、長期にわたって同一の学校教育目標を掲げておく学校が多くを占めるということである。

　もっとも、そうであっても、関係者にとって不自然さを抱かせないのは、理念的な内容を抽象度の高い言葉で表しているからでもある。また、重点目標などとの組み合わせによって、学校教育目標はあまり変えないものとして位置付けられているところにも原因がある。

　その一方、学校教育目標を見直す学校が存在してきたことも確かである。そこには、教職員の関心を喚起したり、見直しのための環境を整えたり、見直しを主導したり、積極的な役割を果たす校長の姿がとらえられることが少なくない。

第4章
次代の子供を育てる学校教育目標

　もちろん、学校教育目標の改廃について、校長の専権事項ということではない。教職員はもとより、さらには保護者や地域の人々もまた、学校教育目標の改廃に関わり得る関係者であり、それぞれ影響力を有しているということである。ただ、その中にあって、学校の代表者であり組織のトップである校長の存在は、やはり重く、また、その影響力にしても存在感にしても大きなものがあり、学校教育目標の改廃に対する影響力も他の関係者と比べて抜きんでていることは確かである。

　その意味で、学校教育目標との関係において心理的な距離感も最も近いところにある校長が、どのようなスタンスを取るかによって、校内における学校教育目標の影響力も存在感も大きく左右されることになる。まして、その見直しともなれば、校長のリーダーシップの発揮がカギを握ることになる。

(3)　学校教育目標を見直す季節の到来——学習指導要領改訂——

　そこで、学習指導要領の改訂を迎えることになった。長期にわたって触れることもなかった我が校の学校教育目標について、学習指導要領改訂期は、組織としての検証を通して、必要に応じて見直しを図る格好の季節の到来ともいえる。学習指導要領改訂は、教育課程の見直しを求めるものであり、同時に学校教育目標についても見直しを迫っている。別の言い方をするならば、長期にわたって、手をつけることもなく掲げている学校教育目標について、学習指導要領改訂は見直す機会を学校に提供しているともいえる。

　学校には、様々な目標が掲げられ、そのもとに諸々の計画が作成されている。その目標の代表が学校教育目標であり、計画の代表が教育課程である。そのうえで、この目標と計画との間で時に乖離が生ずることもある。目標に対して計画の立て方が杜撰であったり、作成された計画に

ついて何を目指しているかが不明瞭だったりすることもある。また、環境の変化にともない目標の修正に迫られたり、あるいは計画の見直しに迫られることもある。そのたびに、目標と計画の間で葛藤や緊張が生じることも珍しくない。しかも、両者の関係の修正や改善が、バランスのとれた状態のなかで進められるとも言い難い。まさに、目標と計画との整合が常に問われなければならず、PDCAサイクルが関心をもたれるのも、このような背景があってのことである。

　その意味で、学習指導要領改訂がなされ、新たな教育課程の編成に迫られる時期こそ、諸々の目標と計画の相互の関係について見直しや調整が問われることになる。その代表が学校教育目標と教育課程であり、まさに、学校教育目標の見直しが学校経営上の現実的な課題として浮かび上がってくるのである。

　いずれにしても、学習指導要領改訂による教育課程の見直しは、当然、学校教育目標との間で、ある種の緊張状態を生み出すことになる。その状態を解きほぐす作業が、学校教育目標の見直しをはかる取組みということになる。整合という観点から、我が校の学校教育目標と教育課程とを診断・評価する、学校評価の取組みが問われることになる。

❷ 新しい学習指導要領と学校教育目標

(1) 学校教育目標について"不断の見直し"を

　そこで、このたびの学習指導要領改訂について基本的な方向性を示した「答申」が、学校教育目標について"不断の見直し"を求めていることに注目したい。すなわち、学習指導要領が社会の変化などに応じて改訂を重ねているように、学校教育目標もまた不断の見直しが求められる

と、次のように述べている。

「学習指導要領等が、教育の根幹と時代の変化という『不易と流行』を踏まえて改善が図られるように、学校教育目標等についても、同様の視点から、学校や地域が作り上げてきた文化を受け継ぎつつ、子供たちや地域の変化を受け止めた不断の見直しや具体化が求められる。」

これは、学習指導要領の改訂と学校教育目標との関係について、平仄を合わせることを求めたものととらえることができる。すなわち、学校の総合的な教育計画である教育課程の改善が学習指導要領改訂とともになされたならば、その達成を目指すとされる学校教育目標についても見直しを図るべきではないかと問いかけている。

とりわけ、資質・能力の育成を目指したこのたびの教育課程については、学校教育目標も、それを明確にしたものであることが求められるという。すなわち、教育課程全体を通じてどのような資質・能力の育成を目指すのかは、各学校の学校教育目標として具体的に示される必要があるという。

(2) バランスの取れた資質・能力の育成

では、このたびの学習指導要領改訂を受けて、学校教育目標をどのように見直しをはかっていくか。これに対しては、まずは、「答申」について、そして、学習指導要領の総則について読み込みが必要である、と述べておきたい。

学習指導要領改訂の理念やコンセプトについて、とりわけ、育てたい人間像をはじめ、育成を目指す資質・能力についての理解が欠かせないわけであり、それには、まず「答申」及び総則を手に取ることが、校内において皆で読み合わせることが大切である。

我が校の学校教育目標の見直しに当たり、これらの情報の収集をはか

り、分析し、そして、解釈を加え、学校としての取組みを大切にしたい。

そこで、以下に、そのポイントとなるところを取り上げ、文部科学省『小学校学習指導要領解説総則編』に記載された解説を踏まえながら、学校教育目標との脈絡を探ってみたい。

【2030年の社会と育てたい姿】

まずは、「答申」に2030年とその先の社会を生き抜く人間の姿を次のように挙げ、学校教育を通じて子供たちに育てたい姿を描いている。

・社会的・職業的に自立した人間として、我が国や郷土が育んできた伝統や文化に立脚した広い視野を持ち、理想を実現しようとする高い志や意欲を持って、主体的に学びに向かい、必要な情報を判断し、自ら知識を深めて個性や能力を伸ばし、人生を切り拓いていくことができること。

・対話や議論を通じて、自分の考えを根拠とともに伝えるとともに、他者の考えを理解し、自分の考えを広げ深めたり、集団としての考えを発展させたり、他者への思いやりを持って多様な人々と協働したりしていくことができること。

・変化の激しい社会の中でも、感性を豊かに働かせながら、よりよい人生や社会の在り方を考え、試行錯誤しながら問題を発見・解決し、新たな価値を創造していくとともに、新たな問題の発見・解決につなげていくことができること。

(平成28年12月21日中央教育審議会答申　第3章1.)

ここには、新たな学校教育目標を設定する際に、その基盤となる教育哲学や人間像が記されている。まさに、2030年の社会が求める人間像が、また、それに向けて育てたい姿が描かれている。我が校の学校教育目標と直接的に関わってくるキーワードが様々に存在しており、学校教

育目標の見直しは、これらの文言についての深い読み取りから始めることも一つのやり方である。

【児童に生きる力を育む】

次に、これを受ける形で、総則には、【児童に生きる力を育む】として、関連事項が示されている。まずは、次のように(1)確かな学力、(2)豊かな心、(3)健やかな体を育む教育活動の展開を求め、これらの実現を通じて「生きる力」の育成をはかるにあたり基本的事項を記している。

> 学校の教育活動を進めるに当たっては、各学校において、第3の1に示す主体的・対話的で深い学びの実現に向けた授業改善を通して、創意工夫を生かした特色ある教育活動を展開する中で、次の(1)から(3)までに掲げる内容の実現を図り、児童に生きる力を育むことを目指すものとする。
>
> （小学校学習指導要領　第1章総則　第1の2）

学校教育目標に掲げられているキーワードを学習指導要領と照らし合わせてみると、総則のこの箇所に用いられている用語との結び付きが強いことがとらえられる。

このたびの改訂に関わる、基本的なコンセプトを集約的に記した箇所であり、我が校の学校教育目標を見直すに当たって、ここに示された諸事項との関連が最も直接的に関係してくるものと思われる。

その意味で、学校教育目標の見直しに当たり、この総則における用語の出入りへの着目が求められることを確認しておきたい。

(1)　確かな学力

> 基礎的・基本的な知識及び技能を確実に習得させ、これらを活用して課題を解決するために必要な思考力、判断力、表現力等を育む

> とともに、主体的に学習に取り組む態度を養い、個性を生かし多様な人々との協働を促す教育の充実に努めること。その際、児童の発達の段階を考慮して、児童の言語活動など、学習の基盤をつくる活動を充実するとともに、家庭との連携を図りながら、児童の学習習慣が確立するよう配慮すること。
>
> 　　　　　　　　（小学校学習指導要領　第1章総則　第1の2の(1)）

　ここでは、確かな学力が身に付くように、知識及び技能の習得、思考力、判断力、表現力の育成、主体的に学習に取り組む態度や人間性の涵養などを目指す教育の充実を求めている。

　これは、次に取り上げる資質・能力の三つの柱とも重なり合うものであり、このたびの学習指導要領改訂の根幹をなすものである。

(2)　**豊かな心や創造性の涵養**

> 　道徳教育や体験活動、多様な表現や鑑賞の活動等を通して、豊かな心や創造性の涵養を目指した教育の充実に努めること。

　豊かな心や創造性の涵養を目指すとして、道徳教育や体験活動の充実をはかることを、さらに、表現や鑑賞の活動をはかることを求めている。そのために、次の事項として、道徳教育について取り上げ、道徳教育の目標を次のように示している。

〈道徳教育の目標〉

> 　道徳教育は、教育基本法及び学校教育法に定められた教育の根本精神に基づき、自己の生き方を考え、主体的な判断の下に行動し、自立した人間として他者と共によりよく生きるための基盤となる道徳性を養うことを目標とすること。

このように、道徳教育は、児童のよりよく生きるための基盤となる道徳性を養うことを目標に、児童一人一人が将来に対する夢や希望、自らの人生や未来を拓いていく力を育むとしている。

　その意味で、学校にとっては、この事項をとらえるとするならば、自らの人生や未来を拓いていく力をどのようにとらえ、これを学校教育目標として、いかに位置付け表記するかが問われることになる。

〈道徳教育に当たっての配慮事項〉

> 　道徳教育を進めるに当たっては、人間尊重の精神と生命に対する畏敬の念を家庭、学校、その他社会における具体的な生活の中に生かし、豊かな心をもち、伝統と文化を尊重し、それらを育んできた我が国と郷土を愛し、個性豊かな文化の創造を図るとともに、平和で民主的な国家及び社会の形成者として、公共の精神を尊び、社会及び国家の発展に努め、他国を尊重し、国際社会の平和と発展や環境の保全に貢献し未来を拓く主体性のある日本人の育成に資することとなるよう特に留意すること。
>
> 　　　　　　　（以上、小学校学習指導要領　第1章総則　第1の2の(2)）

　ここでは、道徳教育に当たっての配慮事項が記されている。人間尊重の精神、生命に対する畏敬の念などをはじめ、一つ一つの言葉の重さについて、共通理解を深めることを学校教育目標を検討する機会として位置付けていくことも考えられる。

(3)　健やかな体

> 　学校における体育・健康に関する指導を、児童の発達の段階を考慮して、学校の教育活動全体を通じて適切に行うことにより、健康で安全な生活と豊かなスポーツライフの実現を目指した教育の充実

> に努めること。特に、学校における食育の推進並びに体力の向上に関する指導、安全に関する指導及び心身の健康の保持増進に関する指導については、体育科、家庭科及び特別活動の時間はもとより、各教科、道徳科、外国語活動及び総合的な学習の時間などにおいてもそれぞれの特質に応じて適切に行うよう努めること。また、それらの指導を通して、家庭や地域社会との連携を図りながら、日常生活において適切な体育・健康に関する活動の実践を促し、生涯を通じて健康・安全で活力ある生活を送るための基礎が培われるよう配慮すること。　　　（小学校学習指導要領　第1章総則　第1の2の(3)）

　本項は、知・徳・体として表現される学校教育目標にとって、いわば"体"に当たるところと結び付いている。このたびの改訂では、それぞれ現代的課題を踏まえつつ、①体育に関する指導については、自ら進んで運動に親しむ資質・能力を身に付け、心身を鍛えることができるようにするとある。また、②健康に関する指導については、身近な生活における健康に関する知識を身に付けることや、必要な情報を自ら収集し適切な意思決定や行動選択を行い、自主的に健康な生活を実践することができる資質・能力を育成するとしている。さらに、③安全に関する指導においては、安全に関する情報を正しく判断し、安全のための行動に結び付けるようにするとある。そのうえで、学校の教育活動全体を通して、健康で安全な生活とスポーツライフの実現をはかる資質・能力を養うとしている。

　学校教育目標の検討に当たり、これら指導のねらいについて、また、関連して示されている用語について、とりわけ、育成をはかる資質・能力について、用語の差し替えを把握しておくことが大切である。

　さらに、【育成を目指す資質・能力】として総則の第1の3には、次のようにある。

> 　2の(1)から(3)までに掲げる事項の実現を図り、豊かな創造性を備え持続可能な社会の創り手となることが期待される児童に、生きる力を育むことを目指すに当たっては、学校教育全体並びに各教科、道徳科、外国語活動、総合的な学習の時間及び特別活動（以下「各教科等」という。ただし、第2の3の(2)のア及びウにおいて、特別活動については学級活動（学校給食に係わるものを除く。）に限る。）の指導を通してどのような資質・能力の育成を目指すのかを明確にしながら、教育活動の充実を図るものとする。その際、児童の発達の段階や特性等を踏まえつつ、次に掲げることが偏りなく実現できるようにするものとする。
> (1)　知識及び技能が習得されるようにすること。
> (2)　思考力、判断力、表現力等を育成すること。
> (3)　学びに向かう力、人間性等を涵養すること。
>
> 　　　　　　　　　　　（小学校学習指導要領　総則　第1章第1の3）

　これは、総則に新しく加えられた事項であり、このたびの学習指導要領改訂を象徴する一つの箇所である。

　改訂の特徴の一つに、次のように、資質・能力の三つの柱に基づく教育課程の枠組みの整理がある。

① 「何を理解しているか（生きて働く「知識・技能」の習得）」
② 「理解していること・できることをどう使うか（未知の状況にも対応できる「思考力・判断力等」の育成）」
③ 「どのように社会・世界と関わり、よりよい人生を送るか（学びを人生や社会に生かそうとする「学びに向かう力・人間性等」の涵養）」

　これら資質・能力をバランスをとって育成を目指すとしている。すなわち、このたびの改訂において、知識及び技能、思考力、判断力、表現

力、学びに向かう力、人間性などについて、バランスのとれた人間の育成を掲げており、それぞれについて次のような説明がある。そのポイントを拾い上げておきたい。

［知識及び技能］は、各教科等の主要な概念を理解し、他の学習や生活の場面でも活用できるように習得されることが重要である。知識の理解の質を高めることが、今回の改訂のポイントでもあり、これまで重視してきた習得・活用・探究という学びの過程の一層の充実を求めている。しかも、同様のことが、技能についてもいわれ、その習得にも「深い学び」が求められるとしている。

［思考力、判断力、表現力等］は、未来を切り拓いていくのに必要な力とされ、それらは、知識及び技能を活用して課題を解決するために必要な力としてとらえられている。

［学びに向かう力、人間性等］は、他の二つの柱を方向付け、働かせることを決定付ける役割を果たすとしている。また、これらの力は、自らの思考や行動を客観的に把握し、認識する「メタ認知」に関わる能力も含むものでもあるいう。そのうえで、こうした資質・能力は、各教科等の指導を含め、学校の教育課程全体を通して育んできたところに、我が国の学校教育の特徴があるとしている。

このように、育成を目指す資質・能力をこの三つの柱で整理することについて、「答申」は、教科等と教育課程全体の関係や、教育課程に基づく教育と資質・能力の育成の間をつなぎ、求められる資質・能力を確実に育むことができるよう整理を図り、しかも、教科等の目標や内容についても、この三つの柱に基づく再整理を図ることとする、と説明してきており、その結果を、総則として示したのが、上記の事項である。

しかも、このような教育課程全体を通じた資質・能力の育成は、各学校の学校教育目標等に具体化されるとし、その取組みそのものがカリ

キュラム・マネジメントであるという。
　いずれにしても、この三つの事項に記された資質・能力の明示が、各教科等の目標に貫かれており、その意味において、このたびの学習指導要領全体の構造化に関わる中心的な柱として、本項を位置付けることができる。

❸ 学校教育目標とカリキュラム・マネジメント

(1) カリキュラム・マネジメントの中心に位置する学校教育目標

　さて、学校教育目標は、教育課程と一体となってカリキュラム・マネジメントの中心に位置することになる。「答申」は、この点について、「各学校においては、資質・能力の三つの柱に基づき再整理された学習指導要領等を手掛かりに、『カリキュラム・マネジメント』の中で、学校教育目標や学校として育成を目指す資質・能力を明確にし、家庭や地域とも共有しながら、教育課程を編成していくことが求められる。」と述べている。
　カリキュラム・マネジメントの手立ての一つにPDCAサイクルを生かした取組みがある。この点について、「答申」は、「教育内容の質の向上に向けて、子供たちの姿や地域の現状等に関する調査や各種データ等に基づき、教育課程を編成し、実施し、評価して改善を図る一連のPDCAサイクルを確立すること。」と述べている。
　この点を踏まえ、カリキュラム・マネジメントの中心に教育課程とともに学校教育目標が位置することを改めて確認しておきたい。すなわち、学校教育目標を軸にマネジメントを進めることが、学校評価にも、カリキュラム・マネジメントにも、つながっていることをおさえておき

たい。

　「答申」は、カリキュラム・マネジメントの中心が、学校教育目標の策定にあることを次のように述べている。

　「学校のグランドデザインや学校経営計画に記される学校教育目標等の策定は、教育課程編成の一環でもあり、『カリキュラム・マネジメント』の中心となるものでもある。」

　また、学校評価の営みについてもカリキュラム・マネジメントと重なり合うことを次のように指摘している。

　「学校評価において目指すべき目標を、子供たちにどのような資質・能力を育みたいかを踏まえて設定し、教育課程を通じてその実現を図っていくとすれば、学校評価の営みは『カリキュラム・マネジメント』そのものであると見ることもできる。」

　そのうえで、資質・能力を学校教育目標とし、教育課程と学校運営を関連付けた組織運営を次のように求めている。

　「各学校が育成を目指す資質・能力を学校教育目標として具体化し、その実現に向けた教育課程と学校運営を関連付けながら改善・充実させることが求められる。」と。

　まさに、学校教育目標をマネジメントする視点で、学校教育目標の設定から教育課程の編成、そして、実施及び評価と一連の取組みを進めていくこと、それがカリキュラム・マネジメントであり、また、学校のマネジメントそのものであるということになる。

⑵　上位の目的・目標と下位の目的・目標

　ところで、学校教育目標が抽象度の高いものであることからして、それを具体におろす下位の目標を用意することが、学校経営のスタイルとされている。まさに、学校教育目標は、自らを頂点に多くの下位目標に

よって支えられ成り立っている。

　しかも、その下位目標のもとには、それぞれの領域別、部門別の個別計画が存在する。すなわち、学校教育目標は、教育課程をはじめ、道徳教育、健康や安全に関わる、学年経営や学級経営などの目標や計画によって具体化が図られるとされる。また、これら目標や計画を基盤にして学校教育目標は成り立っているともいえる。そこでは、具体と抽象との往復が生まれているといってもよい。その意味からも、学校教育目標をとらえるに当たって、各部門計画との相互の関係が問われなければならない。

　まさに、一般的なものからより具体的なもの、上位の目的・目標から下位の目的・目標へと重層的な組み立てが、学校教育目標の存在感を増すか否かのカギを握っているといってもよい。上位の目標と下位の目標について、抽象と具体などの視点から、互いの関係について理解をはかることが求められることになる。

(3)　学校教育目標は学校教育目標としてとらえる

　その一方、学校教育目標は学校教育目標ととらえることが求められるようになってきた。学校評価の実施や、目標申告制による教職員評価の導入によって、学校教育目標を取り巻く環境も変化しつつあるものの、学校教育目標を取り巻く環境を大きく変化させるまでには至っていない。すなわち、これまで述べてきたように、抽象度の高い言葉をもって、日々の実践とはやや距離を置いて掲げておく、といった多くの学校が取るスタイルに、変化はあまり認められない。

　しかし、下位の目標を準備するとか、具体を下位の目標に委ねるといった発想ではなく、学校教育目標を学校教育目標としてとらえることを求めるケースが次第に増加しつつある。

この点について次のような指摘もある。すなわち、「全体は全体として理解し、評価すべきものである。下位目的・目標の達成は、全体としての上位目的・目標の達成の手段としての性格はもっているが、全体は全体としてとらえなければならないということである。……部分にのみとらわれ全体を見失わないようにしなければならない[2]。」と。
　学校教育目標は、学校のまさに全体目標であり、学校全体を全体としてとらえるに当たって象徴的な存在ということになる。
　学級を学級としてとらえることと、学校は学校としてとらえることを、ともに備えることが求められつつあるということである。若手は、学級や学年という部分をとらえ、ベテランは学校全体をとらえる、といった分担論ではなく、両者ともに学級も学校全体もとらえられることが問われるようになってきた。
　そのポイントが学校教育目標であり、それぞれの立場や分担からとらえるとともに、学校全体の立場からとらえる複眼的な視野を保持することが求められるようになってきた。
　いずれにしても、学校全体を全体としてとらえる発想と視野が、学校教育目標をとらえるに当たっても問われている。全体と部分を併せ持ってとらえる。学校教育目標への取組みは、このような発想と着眼がすべての教職員に求められることを確認しておきたい。

【注】
1)　吉本二郎「人間性にかかわる教育目標の改善」『学校運営研究』1979年4月号、p. 5
2)　新井郁男「教育課程経営からカリキュラム経営へ」『教育展望』臨時増刊No. 41、2009年、p. 6

第5章
「カリキュラム・マネジメント」で学校を変える

奈良教育大学准教授
赤沢早人

❶ 「カリキュラム・マネジメント」を越える

(1) 変貌する学校と「カリキュラム・マネジメント」

　21世紀を迎えてもうすぐ20年になろうとしている。この間、学校や教員が社会から期待される役割は大きく変化してきた。とりわけ平成20年代に入ってからの変化は著しい。小・中・高校現場での教育活動に関しては、各種国際学力調査の結果についての国家レベルでの注目、いわゆる「ゆとり教育」への批判的論調、全国学力・学習状況調査の実施、学校評価やコミュニティ・スクールの制度化、平成20年度版学習指導要領の改訂・実施、小学校外国語活動や「特別の教科　道徳」の導入、義務教育学校制度の整備などが進んだ。教員の養成や研修に関しては、教員免許状更新講習の制度化にはじまり、「学び続ける教員」像の提起、「新しい学び」への対応やICT機器を活用した授業実施などといった指導力の更新、「チーム学校」に象徴される組織的・協働的アプローチの推奨などが起こった。多くの意欲的な学校現場の教員は、ありとあらゆるチャンネルからのニーズに応えるため汗と涙を流し、変貌する学校を支えている。一方で、教職の複雑化と多忙化が過度に進行し、各教員の意欲にかかわらず、教育機能の停滞が見られる学校や教室も散見される。

　私たちは今こそ、学校教育を取り巻くこうした状況を冷静に見つめ、複雑に絡みついた困難の糸を丁寧に解きほぐしていくべきではないだろうか。学校は、そもそも何を目指す場所であったか。具体的には、何をするところであるか。そして、それをどのようにするのか。至極当然のように聞こえるかもしれない問いに真摯に向きあい、教育機関である学校を構成する各種のパーツ（部品）の性能を一つ一つ確認しながら、各

第5章
「カリキュラム・マネジメント」で学校を変える

学校の教育的機能を今一度オーバーホールしていく。昨今の教育改革論議で頻繁に耳にするようになった「カリキュラム・マネジメント」とは、こうしたことを成し遂げ、学校や教員が元気を取り戻すための見方・考え方なのである。

　もとをたどれば、我が国の教育行政において「カリキュラム・マネジメント」という言葉が使われ始めたのは、平成10年代後半期の頃であった。当初は「特色ある教育課程の編成と実施」に関わる、ややテクニカルな用語という印象が強かった。ところが、平成29年3月の学習指導要領改訂に至る教育改革論議の中で、今後の学校教育の方向性を示すキーワードの一つとして「表舞台」に登場するようになると、急速に教育関係者の口の端に上るようになった。

　ただ、その「普及」が急速過ぎて、「カリキュラム・マネジメントとは最近よく聞くけれど、さてそれは一体具体的に何をすることなのか？」という疑問が職員室中を飛び交っているのが正味の実態ではないだろうか。私たちは、「カリキュラム・マネジメント」を初めて本格的に提起した平成28年12月の中央教育審議会答申や平成29年3月に告示された学習指導要領等の記述を基に、まずはいうところの「カリキュラム・マネジメント」の中身を理解していく必要があるだろう。

(2)　「カリキュラム・マネジメント」の提起

　中央教育審議会答申「幼稚園、小学校、中学校、高等学校及び特別支援学校の学習指導要領等の改善及び必要な方策等について（答申）（中教審第197号）」は、次のように述べている。

> 　教育課程とは、学校教育の目的や目標を達成するために、教育の内容を子供の心身の発達に応じ、授業時数との関連において総合的

> に組織した学校の教育計画であり、その編成主体は各学校である。各学校には、学習指導要領等を受け止めつつ、子供たちの姿や地域の実情等を踏まえて、各学校が設定する学校教育目標を実現するために、学習指導要領等に基づき教育課程を編成し、それを実施・評価し改善していくことが求められる。これが、いわゆる「カリキュラム・マネジメント」である。(p.23)

すなわち「カリキュラム・マネジメント」とは、各学校の教育課程の編成・実施・評価・改善に関わる考え方の総称である。

また、次のようにも述べている。

> 「カリキュラム・マネジメント」の実現に向けては、校長又は園長を中心としつつ、教科等の縦割りや学年を越えて、学校全体で取り組んでいくことができるよう、学校の組織や経営の見直しを図る必要がある。そのためには、管理職のみならず全ての教職員が「カリキュラム・マネジメント」の必要性を理解し、日々の授業等についても、教育課程全体の中での位置付けを意識しながら取り組む必要がある。また、学習指導要領等の趣旨や枠組みを生かしながら、各学校の地域の実情や子供たちの姿等と指導内容を見比べ、関連付けながら、効果的な年間指導計画等の在り方や、授業時間や週時程の在り方等について、校内研修等を通じて研究を重ねていくことも重要である。(p.24)

「カリキュラム・マネジメント」とは、教育課程の実施に関する組織運営の在り方にも言及するようだ。組織、経営、管理、計画、研修、研究などの言葉も並んでいる。

以上の2箇所の引用から、「カリキュラム・マネジメント」について、

第5章
「カリキュラム・マネジメント」で学校を変える

何をイメージするだろうか。学校での実務に沿って考えると、例えば次のようなものが想定されるかもしれない。

○教育課程表の「管理」
○教科書の内容の「網羅」
○年間指導計画（シラバス等）の「操作」
○学校評価（アンケート等）の「実施」

現在の学校において、これらの業務を実際にさばいているのは、おそらく各校の教務主任であろう。職員室内の人と物と情報とをつなぎ、各学校が学習指導要領に基づいた教育課程を適切に、円滑に運営していくことを可能にしているのは、こうした業務を粛々とこなす教務主任の存在があったればこそだろう。教務主任は、学校の健全な運営を支えるため、日々、学校文書の作成に勤しんでいる。

しかし、ここで先の引用にもう一度注目をされたい。「カリキュラム・マネジメント」の実現には、「教科等の縦割りや学年を越えて、学校全体で取り組んでいく」ことが大切であるという。「管理職のみならず全ての教職員が」意識的に取り組む必要があるという。同様の主旨は、平成29年3月に告示された学習指導要領にも記載されている。

> 各学校においては、校長の方針の下に、校務分掌に基づき教職員が適切に役割を分担しつつ、相互に連携しながら、各学校の特色を生かしたカリキュラム・マネジメントを行うよう努めるものとする。（「小学校学習指導要領」平成29年3月、p.11）

これはどういうことか。
もちろん、学習指導要領の記載にあるように、すべての教職員が役割

分担をしながら教育課程の編成・運営・実施・評価を行っていくことをもって、「学校全体で取り組んでいく」こととみなすことはできるだろう。しかし、そうだとすれば、現在の我が国の学校は、すでに「校務分掌に基づき、教職員が適切に役割を分担し」ているはずであるから、この度の「カリキュラム・マネジメント」の提起は、「すでに学校でルーチンとして行っていることを、着実に執行していくべし」といった「再確認」をする程度の意味合いに過ぎなくなる。

こうした解釈は、中央教育審議会答申や学習指導要領を「字句通り」読むならば、ある意味正しいといえる。しかし一方で、それでもあえてこの度「カリキュラム・マネジメント」という聞き慣れない教育用語が持ち出された経緯や背景に鑑みると、行政文書の「字句通り」の読み取りは、語弊を恐れずにあえていうならば、ある意味で「正しくない」。

国家レベルで各学校の教育課程（カリキュラム）編成について規定をするのであるから、その全体性や網羅性、基準性といった「公平」「公共」「公正」（すなわち、一条校である以上は、どこの学校でも基本的に同じ教育課程が編成・実施されるべきであるという前提）をもとにせざるを得ない。かくして、中央教育審議会答申や学習指導要領が、各学校の「特色」を生かすことを一方で提起していたとしても、実際に教育課程（カリキュラム）の運営を支える学校現場サイドから見れば、「いかに瑕疵のない教育課程（カリキュラム）を適切に運営するか」という視点を教育課程の編成・実施の中心に置かざるを得なくなる。

この度の「カリキュラム・マネジメント」の提起は、かかる苦しさを内包している。だからこそ私たちは、「教育課程」の編成・運営につきまとう全体性や網羅性を乗り越え、各学校の固有性や個別性に特化した「カリキュラム」の開発に踏み込む必要がある。

(3) カリキュラムの「網羅（cover）」から「看破（uncover）」へ

　カリキュラム開発の分野において、「網羅」と「看破」という言葉がある（遠藤、2004）。「網羅」とは、教える必要がある内容をすべて教えようとするカリキュラム編成の立場である。一方で「看破」とは、特に深く理解すべき内容に焦点化し、深く、濃く教えようとする立場である。「看破」という考え方に立脚すると、「カリキュラム・マネジメント」の提起からは、例えば次のような視点を見いだすことができる。

　　○自校の「ミッション」について
　　○自校の児童生徒の「実態」「課題」について
　　○自校が展開している「特色」ある取組について
　　○自校で実施している授業の「特長」について

　「学習指導要領がどう規定しているか」「よその学校がどうなっているか」ではなくて、視点は常に「自校の状況がどうであるか」に据えられる。そのうえで、自校の存立の根拠となる「ミッション」に基づき、在籍児童生徒の「実態」や「課題」をつぶさにとらえ、その解決に向けて「何をどうすべきか」が具体的に問われることになる。かくして、「児童生徒にはあれこれの課題があるので、学校は幅広くあれこれの教育課程を編成する」という「あれもこれも」（＝網羅）の視点ではなく、「この課題に対応するこの教育課程」という具合に「あれかこれか」（＝看破）に焦点を絞り、全教職員が視点を揃えて深く濃く取り組むことによって、課題解決の「一点突破」を目指す。そのための理念と方法の体系が、中央教育審議会答申や学習指導要領においてカギ括弧付き（「カリキュラム・マネジメント」）で規定されたものではない、本来の意味でのカリキュラム・マネジメント（カギ括弧をつけない）である。

❷ 学校を「よりよく」するための
カリキュラム・マネジメント

(1) カリキュラム・マネジメントとは

　教育行政的な色合いの濃い「カリキュラム・マネジメント」を越え、より特定の教育課題の解決を志向するカリキュラム・マネジメントとは何か。この分野で先行的に研究・実践を行ってきた田村は次のように定義している。(なお、田村は研究の立場上、「・(ナカグロ)」のない「カリキュラムマネジメント」という言葉を用いているが、以降では煩雑さを避けるため、引用を除いて「カリキュラム・マネジメント」に統一する)。

> 　各学校が、学校の教育目標をよりよく達成するために、組織としてカリキュラムを創り、動かし、変えていく、継続的かつ発展的な、課題解決のための営み。(田村、2011、p.2)

　重要な点は、あくまでもカリキュラム・マネジメントの主体は「各学校」であり、各学校に固有の「カリキュラム」を教育目標に照らして「創り、動かし、変えていく」ということであり、さらに「課題解決のための営み」ということである。この指摘は、各学校は固有の教育目標の達成＝教育課題の解決を目指してカリキュラムを編成・実施するという学校運営の基本的視座を表している。それと同時に、カリキュラムを通して、実際に達成や解決をなし得たのかどうかを判断できる程度に教育目標や教育課題を具体化・焦点化する必要性を暗示している。
　さて、ここで述べられる「カリキュラム」について補足しておきたい。

第5章
「カリキュラム・マネジメント」で学校を変える

　各学校では、様々な規模と内容のカリキュラムが同時進行で編成・実施されているのが実態である。包括的にいうと、カリキュラムとは「学校で計画・実施される教育活動の全般」を指すが、学校のカリキュラム実施の実態に即していくつかに類別化すると、例えば次のような事柄をカリキュラムとしてとらえることができる。

　　○課程、学科、コース
　　○特定の教育目的・目標に迫るための「プログラム」(キャリア教育、防災・安全教育など)
　　○学校行事等の「イベント」
　　○日々の教科指導(授業)の取組(計画的・組織的・継続的に行われているもの)
　　○日々の生徒指導・生活指導・進路指導・教育相談の取組(計画的・組織的・継続的に行われているもの)

　高等学校を例に挙げると、例えば、いわゆる難関大学への進学を目指すコース(クラス)のために、各教科・科目等の特別な編成を行うこともカリキュラム編成であるし、遅刻者をなくすために生徒指導部が主導して年間の「遅刻ゼロ運動」を組織的・継続的に取り組むことも、カリキュラム編成である。各教科の1時間の授業運営についても、各教員が学校の教育目標の達成や教育課題の解決に向けて意識的・計画的・組織的に行うことができているのであれば、それもまたカリキュラム編成(の一環としての授業運営)であるといえる。
　このように考えれば、各学校には「創り、動かし、変えていく」対象のカリキュラムが、大小問わず、様々に存在している。これらを教育資源(カリキュラム資源)として、児童生徒の特定の教育課題に解決をもたらそうというのが、カリキュラム・マネジメントの中核部分である。

(2) カリキュラム・マネジメントの基本的な「問い」

　以上のようなカリキュラム・マネジメントの理念を、各学校のカリキュラムの編成・実施につなげていくためには、その学校のすべての教職員がカリキュラムに関するいくつかの基本的な問いに向き合い、応答をする必要がある。ここでは5つの問いを示すことにする。

　問1　各学級（クラス、講座等）の児童生徒の共通の教育課題（学習面、生活面での不十分さ）はどこにありますか？
　問2　自校の児童生徒全体の教育課題はどこにありますか？
　問3　今年度、児童生徒の何をどこまで伸ばしたいですか？
　問4　今年度、とくに重点的に取り組む（※これまでと違ったことをする）教育活動（取組）はなんですか？
　問5　今年度末の「反省・引き継ぎ」の会議等で、児童生徒の何がどのように変わっていることが確認できれば「よし」としますか？

　ここではすでに教育活動が始まっている新学期以降のシチュエーションを想定し「今年度」としたが、年度末のタイミングであれば、「次年度」と置き換えて問うほうがよいだろう。問1、問2のように、あくまでも眼前の児童生徒の実態・課題から出発し、問3に応答する中で目指すべき児童生徒の姿を具体化・焦点化する。さらに、問4や問5の検討を通して、実際のカリキュラム開発へと歩を進める。

　こうした問いを、学校長・副校長・教頭及び教務主任、研究主任など一部のスクールリーダーの「閉じた議論」に留めるのではなく、すべての教職員に何らかの形で開いていくようにしたい。おそらく教育観、経験年数、教職経験等の違いに応じて、各教員の考えは当初はバラバラになることだろう。しかし、バラバラのままで各自の裁量に基づき教育活動を実施しても、カリキュラムの次元での教育効果を十分に期待することはできない。一方で、強力なリーダーシップの下にバラバラな考えを

一つのベクトルに揃えようと試みても、教員の職務遂行の特殊性から考えて、持続的な成果をあげるとも考えがたい。そうではなくて、教員それぞれの考えがバラバラであるという認識からまずは出発して、児童生徒の教育課題や目指す姿などについての認識の重なりを相互理解していくことを通して、「それぞれの教育的信念に基づいて個別的に追求していく部分」と「相互理解を深めながら学校全体で追求していく部分」を切り分けていくことが重要であろう。

(3) カリキュラム・マネジメントの全体像

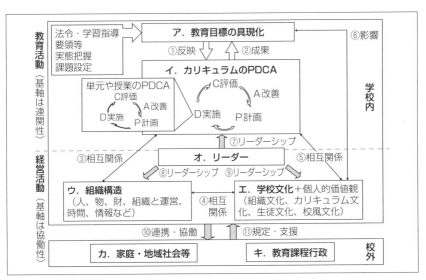

図1　カリキュラムマネジメント・モデル

図1は、田村（2016、p.37）が示した「カリキュラムマネジメント・モデル」である。図中の「ア．」と「イ．」がカリキュラム開発の中核部分である（教育活動）。その効果的な実施をうながすため「ウ．」「エ．」「カ．」「キ．」の項目を整える必要がある（経営活動）。これらを両睨み

にしながら、リーダーシップを発揮するのが、「オ．」のリーダー（ミドルリーダー）である。先に取り上げた5つの問いは、主に教育活動のマネジメントの質を問うものであるが、それらを教員個人が進めるのではなく、学校全体で、相互理解や意思形成を行いながら遂行していくという意味では、経営活動のマネジメントの質を暗に問うものであるともいえる。教育活動と経営活動という2つのマネジメントは、どちらが主でどちらが従ということではなく、学校運営の両輪として、カリキュラムの編成・実施を力強く支えていくものである。

③ カリキュラム・マネジメントの実践

(1) カリキュラム・マネジメントの諸局面

　ここまで述べてきたような理念や考え方に基づき、実際に各学校でどのようにカリキュラム・マネジメントを実践していけばよいか。ここでは、カリキュラム・マネジメントが各学校で実践される際の標準的な局面を示した赤沢（2012、2017）の整理（図2）をもとに、ある学校で行われたカリキュラム・マネジメントの実践の概要を紹介したい。

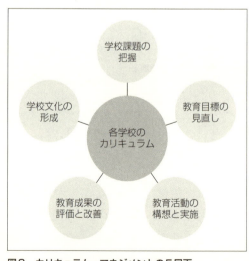

図2　カリキュラム・マネジメントの5局面

① 学校課題の把握

　市立A小学校は、全校児童60名、教員数14名、各学年1学級の山合いの小規模校である。児童は総じて大人しく、真面目である。各学級の児童数は標準よりもずっと少ないが、単学級ということもあり、校務分掌等による教員の負担感は小さくない。また、教員間の連携も十分に図れているとはいえず、各学級担任は勤務時間のほとんどを職員室ではなく学級教室で過ごすことも多い。

　ある年度末、教育課程の総括会議の後で、ある教員が次のように発言した。「総括会議で出された児童の課題は幅広すぎて、結局よくわからない。もっと本校の児童の課題がわかるようにできないだろうか」。この発言がきっかけとなり、3月に臨時の校内研修が組織された。研修では、「児童の課題分析と次年度の教育課程の方向性」がテーマに掲げられ、KJ法などの方法を用いながら全教職員が議論に参加し、次年度に追求する教育課題として、「自主性・主体性・自尊感情」が抽出された。

　いうまでもなく、A小学校の教育課題は「自主性・主体性・自尊感情」といった人格特性だけではない。学力の面でも、社会性の面でも、課題は散見される。しかしながら、あえてA小学校では、「自主性・主体性・自尊感情」を次年度の学校課題（全教職員が相互理解を深めながら解決を目指す教育課題）として焦点化を図ったのである。

② 教育目標の見直し

　新年度になって、ひとまず「自主性・主体性・自尊感情」を視点にしながら、各担任による学級経営や授業運営が始まった。各学級の児童の実際の言動を注意深く観察するうちに、「教師の指示で行う"当番活動"は進んでできるが、児童自らが目的や方法を考える"係活動"が苦手」というA小学校の児童の共通の姿に多くの教員がイメージを共有するようになり、「"係活動"を進んでできるような主体性をもった児童の育成」が年度を通して達成を目指す教育目標として設定されることになった。

③　教育活動の構想と実施

　カリキュラム編成の規準になる教育目標が具体的な形に追い込まれたのは5月中旬であった。すでに当該年度の教育課程はおおむね立案済みであったが、教科部、生活部、文化部といった校務分掌の取組は、「主体性の育成」を旗印にして軌道修正されることになった。同時に、主体性を育むカリキュラムの「核」として、9月に実施予定の運動会のリニューアルが体育部から職員会議に提案され、承認された。実は、A小学校の児童数減に伴い、運動会の競技内容等のマイナーチェンジを行うことは前年度から決まっていたのであるが、児童の課題分析と具体的な教育目標の設定を受け、これらに直結する運動会の企画・実施へとメジャーアップデートすることになったのである。職員会議の承認後、体育主任がリーダーシップを発揮しながら、新しい運動会に向けての企画案が次々と提案されていった。

　新しい運動会を実施する企画は、6月上旬に各学級におろされた。学級担任からは、「児童が創り上げる運動会」を目指すことと、高学年には「運動会全体の企画・運営」、中学年と低学年には「学年ごとの競技の企画・実施」を行うことが児童に提案された。児童の動機付けや目的意識を十分に高めながら、運動会の企画・実施のためのプロジェクトチームが編成された。児童は、プロジェクトごとに「開会式」「入場行進」「競技内容」などタスクを整理し、「自分たちがやってみたい運動会」を全校で追求していった。児童同士の議論は白熱し、休みの日も集まって企画案を練った児童が続出したという。

　運動会は9月24日に当日を迎えた。朝の学活の際には、「運動会頑張ろう！」「やるぞ、おう！」などの声があちこちから聞こえた。お互いに声を掛け合いながら、当日の自らの役割をしっかりとやり遂げ、参観した保護者や地域住民からの大きな拍手を得ることができた。

　最高学年である6年生には、競技終了後、一人一人が運動会の感想を

言う機会を与えられた。これまであまり積極的ではなかった児童が、次のように言ったという。「私は、今運動会を通して、やりきったという気持ちです。それは、１学期からプロジェクトチームに分かれて、"自分から進んで"ということを目標に運動会を創り上げてきたからです。これからも音楽会などの行事でみんなを引っ張っていきたいです」。運動会は、大盛況のうちに幕を閉じた。

④　教育成果の評価と改善

運動会を中心にしたＡ小学校のカリキュラムは、達成を目指す教育目標に対して、どのような成果をあげたのか。プロジェクトチームによる取組の実施の段階から、活動に対する児童の感想とそのフィードバックは日常的に行われていたが、カリキュラム全体としては、いくつかの手立てが講じられた。定量的な評価としては、他府県ですでに実施実績のあった「主体性測定尺度」に基づく全校調査を、取組みの開始時（6月）と終了時（10月）に実施し、5つの項目すべてにおいて向上が見られたことが示された。また、定性的な評価としては、運動会の取組みにかかる事実・成果・課題等を木の葉を模した小片に書き溜める「運動会がんばりの木」を行い、児童が書いた内容を分析する中で、多くの児童に「主体性の成長」にかかる個性的な記述があったことが確認された。

⑤　学校文化の形成

当初、Ａ小学校の教職員は、学校全体での教育活動の実施にそれほどポジティブではなかった。事前に実施された「学校組織に関する意識調査」の結果を見ても、「教職員間には、進んで模範を示したり、時には厳しさをもって互いに高め合う人間関係ができている」や「学校の他の教職員と一緒に仕事をするのが楽しい」という項目などで、全国平均から見ても顕著に低かった。しかしながら、児童の教育課題の共通理解を行い、児童の実態から教育目標を共有し、運動会のリニューアルを中心としたカリキュラム実践に取り組む中で、教員の意識は飛躍的に向上し

たことが調査結果により明らかになった。

　また、運動会の直後に行われた反省会議においても、例年であれば運動会実施の実務（役割分担はどうであったか、スケジュール管理はどうであったか、など）に終始するところ、教育目標の達成と児童の姿に着目した議論が活発に行われた。業務の多忙化によって凍結されていた各教員の「教師魂」に再び火がついたのであろう。カリキュラムの成果によって児童の成長を目の当たりにしたことにより、学校の教育活動に関するポジティブな文化を、理屈ではなく、実践によって醸成することができたのである。

(2)　カリキュラム・マネジメントと学校組織

　以上のように、各学校でのカリキュラムは、一部の教員の密やかな努力によるものではなく、全教職員が参加・参画するとき、最大の成果をもたらすことができる。カリキュラム・マネジメントでは、トップリーダーのビジョンやフレームワークの中で教育活動と経営活動を引っ張るミドルリーダー（主任や主事）のリーダーシップの下、全教職員が自らのキャリアに応じて果たすべき役割を見つけ、主体的かつ継続的に任務を遂行していくことが求められる。

　各教員のキャリアとカリキュラム・マネジメントに関わる職務内容との対応関係は、表1のように整理できる（赤沢、2013）。カリキュラム・マネジメントには、カリキュラムの計画に基づいて実際に教育活動を動かす「運営のマネジメント(A)」、カリキュラムを通した児童生徒の成長を見通し、目標と評価の計画を立てる「成長のマネジメント(B)」、教職員の組織構造や学校文化を耕したり、地域・行政との関係を円滑にしたりしてカリキュラムの運営を支える「協働のマネジメント(C)」の3つの側面がある。これらの側面に対して、若手教員、中堅教員、ベテラン教

員という3つのキャリアステージをかけ合わせたところに、カリキュラム・マネジメントの実務が生まれる。

表1 カリキュラム・マネジメントと教員のキャリアステージの関連

	A 運営：マネジメント	B 成長：マネジメント	C 協働：マネジメント
①若手教員 （在職10年未満程度）	①-A ○担当者（教科・学級・分掌等）としてのカリキュラムの運営（具体的な教育指導）	①-B ○受け持ちの児童生徒の成長イメージの具体化・明確化	①-C ○若手教員なりのチームやセクターへの貢献
②中堅教員 （在職10-19年程度）	②-A ○学校・学年・分掌を見通したカリキュラムの運営（リーダーシップ）	②-B ○カリキュラムを通した児童生徒の成長の見通し ○学校課題から教育目標への落とし込み（具体化・焦点化）	②-C ○既存の学校組織や学校文化を活用した組織的協働体制の構築
③ベテラン教員 （管理職含む） （在職20年以上程度）	③-A ○より質の高い教育成果の実現に向けたカリキュラムのモニタリングと改訂	③-B ○不易と流行を踏まえたうえでの児童生徒のよりよい成長の明確化 ○教育目標の精密な構造化と妥当性・信頼性の高い評価方法・時期の計画化	③-C ○学校組織や機構の整備 ○学校文化・組織文化・職員室文化の醸成 ○校外の学校関係者との関係構築

　昨今の学校においては、教員の世代交代の結果、若年化が急速に進行している。こうした中で、中堅教員以降の職務とみなされがちなカリキュラム・マネジメントの取組に、いかに若手教員を巻き込むか、さらにはベテラン教員の強力なバックアップを得るかが、今後の各学校の教育活動の活性化の鍵を握っているといっても過言ではない。

【参考文献】
○赤沢早人「カリキュラム・マネジメント」西岡加名恵編著『教職教養講座　第4

巻　教育課程』協同出版、2017年
○赤沢早人「教師の力量形成を図るカリキュラム・マネジメント」『新教育課程ライブラリVol.5　学校ぐるみで取り組むカリキュラム・マネジメント』ぎょうせい、2016年
○赤沢早人「若手教員が育ちベテラン教員が活きる『カリマネ』」村川雅弘他編著『「カリマネ」で学校はここまで変わる！　続・学びを起こす授業改革』ぎょうせい、2013年
○赤沢早人『「いい学校」の創り方　カリキュラム・マネジメントによる学校教育活動の改善』(平成20-21年度科学研究費補助金若手研究(B)『カリキュラム・マネジメントの実効化に関する実証的研究』成果報告リーフレット)、2012年
○遠藤貴広「G・ウィギンズの『看破』学習—1980年代後半のエッセンシャル・スクール連盟における『本質的な問い』を踏まえて—」日本教育方法学会『教育方法学研究』第30巻、2005年
○田村知子編著『実践・カリキュラムマネジメント』ぎょうせい、2011年
○田村知子・村川雅弘・吉冨芳正・西岡加名恵編著『カリキュラムマネジメント・ハンドブック』ぎょうせい、2016年

第6章
「チーム学校」で実現する新教育課程
―これからの組織マネジメント―

兵庫教育大学教授
浅野良一

❶ 「チーム学校」の基本的理念と構造

(1) チーム学校の目的

　まず、平成27年12月に出された中央教育審議会の答申である「チームとしての学校の在り方と今後の改善方策について」(以下、本答申)を概観しておこう。

　本答申では、「チーム学校」の目的は、「学校という場において子供が成長していく上で、教員に加えて、多様な価値観や経験を持った大人と接したり、議論したりすることで、より厚みのある経験を積ませることができ、本当の意味での『生きる力』を定着させることにつながる」としている。そして、これからの学校に対して、①新しい時代に求められる資質・能力を育む教育課程を実現するための体制整備、②複雑化・多様化した課題を解決するための体制整備、③子供と向き合う時間の確保等のための体制整備として、「チーム学校」の実現を図ろうとするものである。

(2) チーム学校が実現された姿

　本答申では、チーム学校の姿として「校長のリーダーシップの下、カリキュラム、日々の教育活動、学校の資源が一体的にマネジメントされ、教職員や学校内の多様な人材が、それぞれの専門性を生かして能力を発揮し、子供たちに必要な資質・能力を確実に身に付けさせることができる学校」を描いており、従来と現在、そして今後のチーム学校の姿を表1のように比較している。

第6章
「チーム学校」で実現する新教育課程——これからの組織マネジメント——

表1 チームとしての学校の姿

	従来	現在	今後のチーム学校
授業	・教員による一方的な授業への偏重	・変化する社会の中で、新しい時代に必要な資質・能力を身に付ける必要	・アクティブ・ラーニングからの不断の授業改善
教員業務	・学習指導、生徒指導等が中心	・学習指導、生徒指導等に加え、複雑化・多様化する課題が教員に集中し、授業等の教育指導に専念しづらい状況	・専門スタッフとの協働により、複雑化・多様化する課題に対応しつつ、教員は教育指導により専念
学校組織運営体制	・鍋ぶた型の教職員構造 ・担任が「学年・学級王国」を形成	・主幹教諭の導入等の工夫 ・学校教職員に占める教員以外の専門スタッフの比率が国際的にみて低い構造	・カリキュラム・マネジメントを推進 ・多様な専門スタッフが責任を持って学校組織に参画して校務を運営
管理職像	・教員の延長線上としての校長	・主として教員のみを管理することを想定したマネジメント	・多様な専門スタッフを含めた学校組織全体を効果的に運営するためのマネジメントが必要
地域との連携	・地域に対して閉鎖的な学校	・地域に開かれた学校の推進	・コミュニティ・スクールの仕組み活用 ・チームとしての学校と地域の連携体制を整備

(出典)中央教育審議会「チームとしての学校の在り方と今後の改善方策について」2015年、p. 14

(3)「チーム学校」で学校の生産性向上を目指す

　また本答申では、「チーム学校」の実現の柱として、「専門性に基づくチーム体制の構築」「学校のマネジメント機能の強化」「教員一人一人が力を発揮できる環境の整備」による学校のマネジメントモデルの転換と、学校と家庭、地域との連携・協働によって、ともに子供の成長を支えていく体制を作ることで、学校や教員が教育活動に重点を置いて取り組むことができるように、「チームとしての学校」と家庭、地域、関係機関の連携・協働が強調されている。

　これを組織マネジメントの観点で整理すると、「組織の生産性」向上ととらえることができる。組織の生産性は、投入する経営の諸資源

（人・モノ・金・時間等）に対する生み出す成果の比率であり、組織の生産性が高いとは、投入する諸資源に対して、生み出す成果が高いことを指す。したがって、組織の生産性は、分母に投入資源（人・金・時間等）があり、分子に産出成果の等式で表される。組織の生産性を上げるためには、次の4つのパターンがある。

表2　組織の生産性向上

	【1】投入資源を減らし産出成果向上	【2】投入資源を変えずに産出成果向上	【3】投入資源を減らし産出成果維持	【4】投入資源が増加するが、産出成果をより向上
産出成果	⇑	⇑	⇒	⇑⇑
投入資源	⇓	⇒	⇓	⇑

　まず第1のパターンは、投入する諸資源が減ったにもかかわらず、産出成果は向上するケースで、一般的には、各種の業務システムの導入・改善により、省力化とミスの軽減が同時に図られることなどがある。第2のパターンは、投入する諸資源は変わらないが、産出成果は向上するもので、使用する材料の精選により、成果が向上する場合等が挙げられる。第3のパターンは、投入する諸資源が減ったが、産出成果は以前と同じレベルを維持できるケースで、タイムマネジメントを徹底することで、短い時間の仕事量でこれまでと同レベルの成果が維持できることなどが挙げられる。そして第4のパターンは、投入する諸資源は増加するが、それを上回る成果をあげることであり、商品やサービスにひと手間加えることで、付加価値を飛躍的に向上させることが挙げられる。
　今回の「チーム学校」は、教員の立場で見ると、専門スタッフとの協働により、複雑化・多様化する課題に対応しつつ、教育指導により専念し、同時に業務時間の適正化を図ることは、パターン1であるが、学校

第6章
「チーム学校」で実現する新教育課程――これからの組織マネジメント――

全体で考えると、多様な専門スタッフの学校組織運営への参画や、家庭、地域とのさらなる連携・協働は、パターン４の投入する諸資源の増加になり、これは多様な価値観や経験をもった大人と接したり、議論したりすることによる子供たちの学びの充実や、多様な人材が専門性を生かした教育活動に関わることにより、教育活動の向上につながるといった成果の向上を目指したものであるととらえられる。

 「チーム学校」を実現するための各種方策

(1) 専門性に基づくチーム体制の構築

本答申では、専門性に基づくチーム体制の構築として、多様な経営資源の獲得を打ち出している。まず、教員については、特別支援教育、帰国・外国人児童生徒等の増加、子供の貧困等に対応した必要な教職員定数の拡充、指導教諭の配置促進等、地域との連携を推進するための地域連携担当教職員（仮称）を法令上明確化するとし、指導体制の充実を目指している。

次に、心理や福祉に関する専門スタッフであるスクールカウンセラー、スクールソーシャルワーカー、部活動の指導、顧問、単独での引率等を行うことができる職員として、部活動指導員（仮称）を法令に位置付け、また、医療的ケアが必要な児童生徒の増加に対応するため、医療的ケアを行う看護師等の配置や学校図書館の利活用の促進のため、学校司書の配置の充実を目指している。

これらは、先ほどの組織の生産性の等式からすると、専門スタッフによる各種教育活動の充実、成果の向上（分子⇑）を目指すと同時に、学校の経営資源を新たに獲得する取組みといえよう。ただ、これらの取組

みは文部科学省や都道府県教育委員会マターであり、学校単独での推進は難しい。

(2) 教員一人一人が力を発揮できる環境の整備

　これにはまず、教職員の意欲を引き出すため、人事評価の結果を任用・給与などの処遇や研修に適切に反映したり、優秀教職員表彰において、学校単位等の取組みを表彰するなどの人事施策がある。
　次に、業務改善の研修実施や教職員のメンタルヘルス対策の推進、専門的な指導・助言を行う指導主事の配置の充実、弁護士等による、不当な要望等への「問題解決支援チーム」の設置などが挙げられている。ただ、これらも都道府県市町村教育委員会レベルの取組みであり、学校単独での実施は難しい。

(3) 学校のマネジメント機能の強化

　専門性に基づくチーム体制の構築や教員一人一人が力を発揮できる環境の整備は、いずれも「経営資源獲得」であるのに対し、学校のマネジメント機能の強化は、経営資源の獲得というより「経営資源充実」のアプローチである。本答申では、マネジメント能力の向上、主幹教諭制度の充実、事務体制の強化が挙げられている。
　これらの取組みは、学校単位での実践が可能な項目であり、文部科学省や都道府県市町村教育委員会の様々な「チーム学校」施策を期待しつつ、明日からでも取組みを検討できる項目である。

第6章
「チーム学校」で実現する新教育課程——これからの組織マネジメント——

❸ 「チーム学校」に必要な組織マネジメント

　これまで述べてきたように、「チーム学校」は、学校内の教員を中心としたこれまでのマネジメントから、内外の多様な人材の活用や、チームとしての学校と家庭・地域がより連携・協働を推進するマネジメントへの転換を求めている。そこで、バーナード（Chester Irving Barnard）の組織3原則である「目的・目標の共有」「コミュニケーション」「協働の意欲」をどのようにして実現すればよいか、ビジョンの共有に焦点を絞って論を進めたい。

(1) ビジョンの共有をどう実現するか

　組織の3原則のひとつである「目的・目標の共有」とは、組織におけるビジョンの共有である。従来から学校で仕事をしている教職員を対象にした場合でも、ビジョンの共有は課題になることが多い。今後は、新しく加わる専門スタッフや地域の住民を含めたビジョンの共有が求められる。そこでまず、学校におけるビジョンの構成要素を明らかにしたい。

① 目指す姿の共有

　企業や自治体の行政部局を含めて、ビジョンの定義は様々であるが、ビジョンには「目指す姿」が必須である。

　学校の場合は、まず「目指す子供像」が挙げられる。これは、学校教育目標であり、「眼前の子どもについて、これを育て上げようとする望ましい人間についての具体的な目当て」（上滝孝治郎・山村賢明・藤枝静正共著『日本の学校教育目標』ぎょうせい、1978年）とされている。ただ、学校教育目標は、短い語彙で表現するうえに、「知・徳・体」を

盛り込むため、特に小中学校では、似た内容になりがちであり、変化しないようにみえる。しかし、ベネッセが定期的に調査している「学習指導基本調査：小中版」をみると、学習指導要領の改訂時に変化がみられ、前回の改訂時には、学校教育目標に「学力向上」や「学習習慣」を入れた学校が増えている。

「目指す姿」として、次に「目指す学校像」が挙げられる。これは、いわゆる組織の使命（ミッション）であり、存在意義を示すものである。使命とは、「○○に対して、〜のお役に立つ」「□□に対して、〜の貢献をする」「△△にとって、〜の場になる」といった文章で表現される。学校の目指す姿に、「通わせたい・通いたい学校」「信頼される学校」等を見かけるが、もう少し丁寧に「目指す学校像」を描く必要がある。「あらゆる組織が社会の機関である。組織が存在するのは組織自身のためではない。自らの機能を果たすことによって、社会、コミュニティ、個人のニーズを満たすためである。組織とは、目的ではなく手段である」（P.F.ドラッカー『マネジメント［エッセンシャル版］』ダイヤモンド社、2001年）とあるように、「目指す学校像」とは、社会や地域や子供たちにとってどのような存在でありたいのかを明示することである。様々な関与者ごとに目指す学校像を示している事例を表3に記す。

表3 「目指す学校像」の事例

① A中学校の事例
生徒に対して　将来の自己実現にむけた知・徳・体の基礎固めの場
保護者に対して　協働して子供の成長を支えるパートナー
地域に対して　世代を越えた交流を図る地域コミュニティづくりの拠点
教師に対して　新たな挑戦により、自らの教師力を高める場
② B高等学校の事例
生徒にとって
・生徒の自己実現を達成するため、学習及び進路指導が充実した学校
・生徒一人一人が尊重され、認め合い、活躍できる学校
・規範意識と良好な人間関係のもと安心して学校生活が送れる学校
・ハード面・ソフト面ともに安全な学校

> 保護者にとって
> ・子供の健やかな成長を望む保護者の願いを踏まえ、保護者と学校との連携により、保護者が安心して子供の教育を委ねることができる学校
>
> 地域にとって
> ・本校に対する地域の大きな期待を踏まえ、地域との連携により地域はもとより国内・国際社会で活躍・貢献する人材を育成する学校

② 力の入れどころの共有

　ビジョンには、「目指す姿」に加えて盛り込むべき内容がある。それが、「力の入れどころ」である。これは、「目指す子供像」や「目指す学校像」を達成するために、特に力を入れて取り組む事項である。学校では、重点事項・重点目標・努力点等、様々な言い方があるが、学校の持つ内外の経営資源や能力を結集して成果をあげようとするベクトルを合わせる方向性である。

　この「力の入れどころ」である重点事項を設定する理由は、学校が経営資源を潤沢に持っていないからである。潤沢ではない資源をばらまいてしまうと、全部がうまくいかなくなる。そこで、「ここぞ」という点に集中して力を注ぎ、得られた成果を全体に波及させるやり方が重点事項を設定する本質である。かつて、中国の毛沢東が言った「一点突破・全面展開」の発想である。

　ただ、重点事項を設定するだけでは、教職員をはじめとする関係者のベクトルは一致しない。それは、学校の重点事項は抽象度の高い表現が多く、「基礎基本の徹底」や「基本的生活習慣の確立」は、多様で多義な意味を含んでいるからである。したがって、校長や教頭は、学校の重点事項の意味がわかるように説明することが求められる。数値化は、その目安や例示として効果があると思われる。

　また、重点事項には、子供たちの学力や社会性、体力の向上に直結した「教育の重点」と、その実現のための職場の活性化や他校種連携等の「経営の重点」に分けられる。

さらに、「力の入れどころ」には、重点事項に加えて学校の特色がある。特色とは、他校と違ったことをすることではなく、我が校の強みや得意手を活用して、我が校ならではの教育活動・取組みを展開し、その結果、我が校ならではの子供たちへの教育成果を獲得することである。ビジョンを構成する要素の2つめの「力の入れどころ」には、重点事項と特色がある。

　③　中心価値・行動規範の共有

　ビジョンを構成する要素の3番目は、「中心価値・行動規範」であり、全教職員が遵守すべき、「行動指針」や「価値基準」である。学校では「目指す教職員像」として示されているケースが多い。「中心価値・行動規範」は、服務規定等とは異なり、どのような姿勢で仕事に取り組むかを示したものが多く、構成員の行動様式や組織文化に大きな影響を与える。

(2)　ビジョン共有のための留意点

　これからの学校が、多くの関与者の協力を得て教育の成果をあげるためには、ビジョンの共有が欠かせない。そのためには、これまで述べてきたように、①ビジョンの構成要素の理解と共有のみならず、②ビジョンの背景にある学校や子供たちが置かれた状況の共有、そして、③ビジョンを構築するプロセスでの意見交換と参画が必要である。

　①　状況の共有

　ビジョンの共有を図るためには、ビジョンの背景となる「状況の共有」が欠かせない。状況とは、学校内外の環境要因を把握し、それらを解釈したものである。ここでいう解釈とは、事実やデータに意味をもたせたものであり、今後の対応の前提である。例えば、コップに水が半分あるのは事実である。しかし、その半分の水を「まだ半分ある」と見るのか、

「もう半分しかない」と解釈するのでは、その後の行動に差が生じる。

組織マネジメントの理論に「状況の法則」（M.P. Follet）がある。これは、「人は他人からの指示命令で動くのではなく、状況の理解と納得で動く」とした考え方である。つまり、校長がビジョンを提示する際、その背景となる状況を関係者が共通理解していると、ビジョンの受け入れがスムーズに進むことを示している。子供たちの現状や保護者等の家庭環境、地域や接続する学校等、学校の置かれた状況を解釈し共有することで、ビジョンの納得性が向上し共有だけでなく、実施に際しての前向きな動きにつながる。

② 参画による共有

他人の決めたことをやらせるのは、誰もが好まない。一方、自分で決めた計画や自分の意見が反映されているものには、実現の意欲がわく。参画的な組織運営が、関係者の満足度を高め、ビジョンの受容を促進すると同時に実行率も向上させることは、様々な実証研究によって明らかにされている。ビジョンづくりのプロセスで、教職員の意見や提案を聞くことで、ビジョンの質向上と共有が促進される。

チーム学校は、組織マネジメントの高度化を要求するが、学校組織の生産性をあげるマネジメント刷新の好機ともいえよう。

学校事務職員のゼネラルスタッフ化

国会で審議されていた教育関連の法案では、学校教育法や義務教育定数標準法の改正により、学校の事務職員が主体的に校務運営に参画できる職務規定の見直し等がなされ、また、地教行法の改正では、共同学校事務室の設置が明記された。

学校事務職員の経営参画は、以前からの課題であり、これまでの事務

スタッフとしての役割に加えて、学校の経営に専門性を生かして参画する経営企画機能を持つ必要がある。つまり、従来の学校組織のサービススタッフから「チーム学校」のゼネラルスタッフとしての活躍が期待される。

経営組織には、5機能が必要で、ライン以外に2種類のスタッフ機能がある。そのうち、支援スタッフは人事経理等の総務業務を行うサービススタッフ、テクノストラクチャーは、組織の重要案件に対する解決策を検討し、トップに提案したり、組織の将来像を練り上げるなど、経営機能を持ったゼネラルスタッフである。学校においては、企画委員会や運営委員会がこれにあたるが、委員会方式での設置のため業務に専念しづらく、その結果、経営企画機能が不全になりがちで学校の組織構造上の弱点であるといえる。

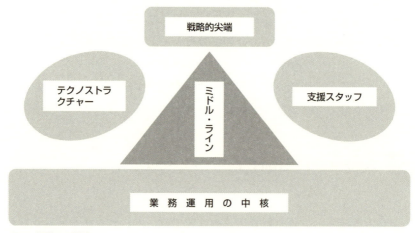

図1　組織の5機能

（出典）H. Mintzberg『Organization design』

現在、学校のゼネラルスタッフが検討すべき課題は、「チーム学校」の推進に向けての業務改善であり、学校事務職員の専門性を生かして活

第6章
「チーム学校」で実現する新教育課程——これからの組織マネジメント——

躍できる領域である。そこで、次の業務改善手法の研究と学校への適用を検討することを提案したい。それは、企業で活用されている生産性向上のためのマネジメント手法である。

(1) VE手法（Value Engineering）

　バリューエンジニアリングとは、商品やサービスなどの価値（製造・提供コストあたりの機能・性能・満足度など）を最大にしようとする体系的手法で、英語の頭文字をとってVEと表現される。

　行政（政府、地方自治体など）において、誰のため何のために行っているのか不明瞭で肥大化してしまった、不要不急の業務の改善や各種の事業仕分けに用いられ、生み出す価値を低下させることなくコスト（費用や時間）を削減することに活用されている。

(2) IE手法（Industrial Engineering）

　「IE」とは、インダストリアルエンジニアリングの略で、「生産工学」と呼ばれている。「IE」は、無駄のない最善の仕事の流れを作り出すための手法であり、生産性向上とコスト低減を行うことができる。

　その活動は、①顧客の求めている「品質・性能」の製品を、最も「安いコスト」で、所定の「納期」までに作るために、②工程、作業、運搬、レイアウト、設備、治工具、管理手続きなどについて、③流れ、順序、方法、配置や能率のデータをIE手法を用いて、科学的に把握、分析し、④能率向上の原則、5W2H法（5W1HにHow Muchを加えた）などによって、ロスや無駄を見つけて改善策を検討し、多くの衆知を結集して能率の維持・向上や改善を実現する組織的な取組みである。

(3) QC手法（Quality Control）

　QC（品質管理）は、品質保証行為の一部をなすもので、部品やシステムが決められ要求を満たしていることを、前もって確認するための行為と定義され、買手の要求に合った品質の品物又はサービスを経済的に作り出すための手段の体系であり、不良品の発生によるその後の処理時間ややり直しの無駄を防ぐことに活用できる。

　トヨタ自動車のかんばん方式は、米国のスーパーマーケットの仕組みを参考に生み出した方法である。学校事務職員が、企業の優れた生産性向上の手法をヒントに、業務マネジメントを創り出すことに貢献してみてはどうだろうか。

【参考文献】
◦ 中央教育審議会「チームとしての学校の在り方と今後の改善方策について」2015年
◦ 産業能率大学『新訂　事務能率ハンドブック』1986年
◦ 浅野良一「教職員等中央研修（第2回副校長・教頭等研修）テキスト『マネジメントの実践に向けて』」独立行政法人教員研修センター、2016年
◦ 上滝孝治郎・山村賢明・藤枝静正共著『日本の学校教育目標』ぎょうせい、1978年
◦ P.F. ドラッカー『マネジメント［エッセンシャル版］』ダイヤモンド社、2001年

第7章
地域との新たな協働に基づいた学校づくり

日本大学教授
佐藤晴雄

新学習指導要領が求めるもの

　新学習指導要領は、第1章総則中の「第5　学校運営上の留意事項」の一つとして「2　家庭や地域社会との連携及び協働と学校間の連携」について取り上げ、教育課程の編成及び実施に際しての配慮事項を次のように述べている。

> ア　学校がその目的を達成するため、学校や地域の実態等に応じ、教育活動の実施に必要な人的又は物的な体制を家庭や地域の人々の協力を得ながら整えるなど、家庭や地域社会との連携及び協働を深めること。また、高齢者や異年齢の子供など、地域における世代を越えた交流の機会を設けること。

　現行学習指導要領では、「地域の人々の協力を得るなど家庭や地域社会との連携を深めること」という記述にとどまっていたのに対して、新学習指導要領は「教育活動の実施に必要な人的又は物的な体制を家庭や地域の人々の協力」を得るよう、連携の在り方をより具体化したことになる。その背景には、学校支援ボランティア活動（地域学校協働活動）の活用をうながす学校支援地域本部等の普及があると思われる。

　本章では、まず地域連携と学力の関係性を明らかにし、特に「資質・能力」にとっての地域連携等の意義を探り、そしてコミュニティ・スクールと地域学校協働本部の在り方と学校の体制づくりについて述べていくことにする。

② 地域連携と学力

　最初に、地域連携（ここでは学校支援ボランティアの活発さ）が学力にどう関係しているかを明らかにしておこう。図1は平成25年度全国学力・学習状況調査の結果を分析し図示したものだが、これによると、「地域には、ボランティアで学校を支援するなど、地域の子供たちの教育に関わってくれる人が多いと思うか」という質問に、「そう思う」と「そう思わない」の回答別に2教科の平均正答率を表している[1]。

　図1を見ると、小学校の平均正答率は、国語Aでは「そう思う」64.5、「そう思わない」57.3となり、前者の方が高い数値を示す。国語B、算数A、算数Bも同様に、「そう思う」が「そう思わない」の

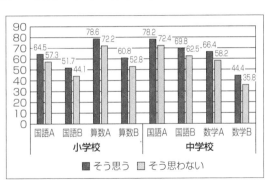

図1　学校支援活動の活発さと学力

数値を5ポイント以上、上回っている。中学校の場合も同じく、いずれの教科等でも「そう思う」は「そう思わない」よりも6ポイント～8ポイント程度高くなっている。要するに、学校支援ボランティアなどの教育に関わってくれる人が多い学校の児童生徒の方がそうでない学校よりも高い正答率を示し、その意味で学力が高い傾向にあるといえるのである。

　そうした傾向は同じ調査の他の質問項目からも確認できる。図2は、「PTAや地域の人が学校の諸活動（学校の美化など）にボランティア

として参加してくれますか」の質問に対する「そう思う」の回答について、「A群」(全教科の平均正答率が5ポイント以上全国平均を上回る学校)と「B群」(同じく5ポイント以上全国平均を下回る学校)別の結果を表しているが、小学校では「A群」64.0%・「B群」43.3%となり、中学校では「A群」53.3%・「B群」42.5%となり、いずれの校種でも前者すなわち学力の高いA群のボランティア等の参加率が高いという結果になる。特に、小学校の方がその傾向が著しい。

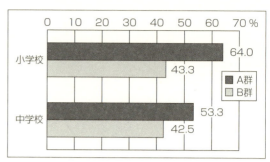

図2　PTAや地域の人が学校の諸活動(美化など)にボランティアとして参加してくれますか(「そう思う」の回答)

このほか、博物館・図書館等などの地域の施設を活用している学校や地域・家庭に情報発信を活発に行っている学校は、「B群」よりも「A群」に多いという結果も見いだされる。

以上のデータからは、地域と連携し、その地域の人的・物的資源を積極的に活用している学校の児童生徒は、そうでない学校の児童生徒よりも学力が高い傾向にあると解することができる。地域連携と学力等との関係の理論的解説は後述するが、学校にとっての地域連携は児童生徒の学力向上に一定の影響を及ぼしているものと推量できるのである。

「資質・能力」の育成にとっての学校・地域の連携・協働の意義

(1) 「資質・能力」のとらえ方

　新学習指導要領は、児童生徒の発達の段階や特性等を踏まえて、以下のことを偏りなく実現できるようにするよう求めている。
　1) 知識及び技能が習得されるようにすること。
　2) 思考力、判断力、表現力等を育成すること。
　3) 学びに向かう力、人間性等を涵養すること。
　これらは「資質・能力」の共通要素に位置付けられるが、そもそも「学力」という概念を改めて吟味すると、そこには二つの意味が混在しているように思われる。一つは、「学ぶための力」という意味である。「学」と「力」という文字に即した解釈である。もう一つは、現実には学力テストの結果を学力と見なす場合のように、「学んだ結果」という意味で、学習内容の蓄積を評価する視点になる。一般に「学力が高い」という時にはその後者の意味で用いられる。
　新学習指導要領でいう「資質・能力」とは、まさに前者の意味に当てはまる。前述した思考力・判断力・表現力や学びに向かう力・人間性等を総括した意味になる。新学習指導要領は学習内容ベースから「資質・能力」ベースに比重を置くようになったわけで、その意味で、学習の蓄積結果よりも、学ぶための力を育成することに重点を置こうとしているといえる。伝統的な教育学の考え方に従えば、実質的陶冶から形式的陶冶に主軸を置くようになったのである。
　その「資質・能力」は平成28年12月の中央教育審議会答申（以下、「中

教審答申」)[2]及び新学習指導要領では数多く用いられているが、中教審答申では以下のような基本的な考え方を例示している。

> ① 伝統的な教科等の枠組みを踏まえながら、社会の中で活用できる力（例：国語力、数学力など）
> ② 教科等を越えた全ての学習の基盤として育まれ活用される力（例：言語能力、情報活用能力など）
> ③ 今後の社会の在り方を踏まえて、子供たちが現代的な諸課題に対応できるようになるために必要な力（例：安全・安心な社会づくりや持続可能な社会づくりのための力など）

　これらの分類はややわかりにくいが、簡潔にいえば、①教科に関わる能力、②ツールとしての能力、③現実の課題解決能力だといってよいだろう。いずれも「活用」に関わる能力であり、これらの能力を身に付け、生かそうとする意欲や態度が「資質」ということになる。そこで前記答申は、各学校が「家庭・地域とも子供たちにどのような資質・能力を育むかという目標を共有し、学校内外の多様な教育活動がその目標の実現の観点からどのような役割を果たせるのかという視点を持つことも重要」だと指摘するのである。

(2) 学びにとっての「経験」の意義

　以上のような「資質・能力」の基本的な考え方の下では必然的に学校と地域の連携が重視されてくる。そうとらえると、「資質・能力」の育成にとって学校と地域の連携がどう関係付くのかを改めて整理し解説しておく必要がある。

① 学びの具体化

「資質・能力」の育成にとっての学校・地域連携の意義は、庄司和晃による認識の三段階連関理論に基づいて説明できる[3]。図3は庄司の理論図解に筆者が手を加えたものである。

図中の「抽象的認識」は「概念」に相当し、理屈や頭で認識している段階である。しかし、この段階にとどまっていれば、「わかるけど、わからない」、すなわち、理屈では「わかるけど」、実感できないという事態になる。例えば、国の借金は1,000兆円以上だといわれるが、

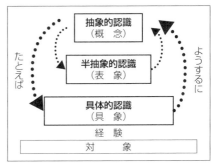

図3　認識の段階

この金額を実感できている人はいないであろう。理屈では、兆は億の一万倍で、その1,000倍ということを理解できるが、この金額で何が購入できるかは理解できない。兆という金額を目にしたり、使ったりした経験がないからである。要は、経験のないことは「わかりにくい」のである。

これに対して、100円や1,000円など身近な金額になると、私たちは理屈だけでなく、しっかりと「わかる」のである。100円で飲み物を購入し、1,000円でランチを食べたという経験から「具体的認識」をもっているからである。つまり、図中下部の「具体的認識」を経験から得ているので、「抽象的認識」が「たとえば」という形で「具体的認識」という受け皿に「おりる（わかる）」ことができるのである。この「おりる」プロセスこそが学んだ事柄（知識等）を「活用」できることを意味し、同時に「深い学び」にもつながるのである。

また、「半抽象的認識」とは図解や比喩の段階であり、「具体的認識」に至らない理解を助ける。例えば、面積が10万m²の公園を東京ドーム

約2個分だと説明するような段階の認識である。しかし、この場合も、東京ドームに対する「具体的認識」に支えられることになる。

② 学びの抽象化

そして、「具体的認識」(または「半抽象的認識」)を「抽象的認識」にまで「のぼる」プロセスは「ようするに」という形で、経験から得たことをまとめる(抽象化する)流れを意味する理論化の過程だといってよく、結局は表現力に左右されることになる。調べ学習や作文、創作などの活動は経験を抽象化し、作品等によって表現され、意味付けられる。いうまでもなく、「のぼる」ことは「具体的認識」を欠いては不可能になる。

以上のように、授業等で学んだことは「具体的認識」をもたらす経験無しに理解しにくいため、実感的理解をうながすには多様かつ豊富な経験が必要になる。

一方、経験から得た「具体的認識」を抽象化することによって、学びが意味付けられる。そうした「おりる(具体化)」と「のぼる(抽象化)」の間の上下運動は思考力、判断力、表現力などの「資質・能力」によってうながされる。「深い学び」とはそうした「おりる／のぼる」ができることを指すものと解することができる。

ちなみに、前出の平成25年度全国学力・学習状況調査には、児童生徒の体験が学力に正の影響をしていることが読み取れるデータがある。児童生徒の生活習慣と平均正答率を分析したデータで、「自然の中で遊んだことや自然観察をしたことがありますか」に対して、「当てはまる」の「国語A」の平均正答率は小学校64.8・中学校79.1で、「当てはまらない」では同じく53.5・68.3となる。4件法の回答を求めた調査であり、「どちらかというと」という中間回答もあるが、「当てはまる」程度が強くなるほど平均正答率が高くなる傾向にある。この傾向は国語Bや算数・数学でも同様であった(注1文献のp.47、p.82)。同調査では社会

体験を取り上げていないが、少なくとも自然体験の豊かさが学力向上に影響していることをうかがわせるデータである。

(3) 地域連携の教育的意義

そうとらえると、学校は「資質・能力」を育成していくために「教育活動の実施に必要な人的又は物的な体制を家庭や地域の人々の協力」を得ることが重要な意味をもつ。児童生徒にとって身近な地域にあるヒト・モノ・コトに触れる経験を与えることは、「具体的認識」を多様かつ豊富にするからである。

前述したように、100円を使ったことがあり、東京ドームを一度でも見たことがあれば、「具体的認識」をもっているので「抽象的認識」を具体化できる。また、農業の理解は農業体験によって初めて実感的につながり、キャリア教育は職業体験によってより深い学びにつながることになる。しかし、そうした多様な体験（身体的経験の意）は学校だけではなかなか展開しにくいからこそ、地域等の協力を得ることが必要になり、また地域は児童生徒に最も身近な生活圏域であることから、学びを実生活に活用しやすいのである。

❹ コミュニティ・シンボルとしての学校

(1) コミュニティの定義

一方、地域にとって学校はコミュニティのシンボルとして認識され、コミュニティづくりの拠点になり得る。中教審答申が「よりよい学校教育を通じてよりよい社会を創るという目標を学校と社会とが共有」する

ことを求めているように、社会や身近な地域づくりにとって学校は重要な役割を果たすことが期待されている。

それではコミュニティとは何か。磯村英一は、それを「居住して生活するという本能に基づいた人間関係中心の空間の形成」だと定義し、そこには三つの本能がその空間形成の基礎になると述べた。その三つの本能とは、①「目で見える」という状態、②「声の届く」という限界、③「足の届く限り」のことである[4]。コミュニティの範囲を示せば、目に見え、声（音）が届き、徒歩で行ける空間ということになる。ヨーロッパのキリスト教の教区のような範囲であり、教会の十字塔はそのシンボルになる。

(2) コミュニティづくりと「社会に開かれた教育課程」

コミュニティをそうとらえて学校に適用すれば、教会の十字塔は校舎であり、教区は校区になる。地域住民が学校に足を運び、教育的関わりを担うことによって、コミュニティすなわち地域の活性化が期待されるのである。コミュニティ・スクール導入自治体の中には、スクール・コミュニティへの発展を課題にしているところも現れ（東京都三鷹市や山口県柳井市など）、そこではコミュニティ・スクールを学校改善にとどめず、コミュニティづくりにまで発展的に生かそうというのである。

また、後述する地域学校協働活動は、「地域学校協働活動の推進に向けたガイドライン」（2017年、以下、「ガイドライン」）によれば、「活動に参画する地域住民の生きがいづくりや自己実現にも資するものであり、ひいては地域の教育力の向上や地域の活性化につながることも期待」（p.9）されているように、子供の学力等の向上のみならず、地域の活性化等をうながす取組みとしても位置付けられている。これら活動を組織的に推進するための仕組みこそが地域学校協働本部なのである。

第7章
地域との新たな協働に基づいた学校づくり

　このような学校と地域・社会との連携を図っていくことが「社会に開かれた教育課程」の目指すべき理念実現につながるのである。学習指導要領はあくまでも児童生徒の学びに焦点を当てているので、地域づくりの意義については明確に示していないが、「社会に開かれた教育課程」にはその意義を含意しているのである。そこで、以下では、地域連携の制度・事業であるコミュニティ・スクールと地域学校協働本部について取り上げることにしよう。

コミュニティ・スクールの動向と展望

　平成18年の地方教育行政の組織及び運営に関する法律（以下、「地教行法」）の一部改正によって創設されたコミュニティ・スクール（学校運営協議会を設置する学校）は、平成29年4月現在、全国に3,600校にまで増加し、教育振興基本計画が示した3,000校という数値目標（公立小中学校に限る）に達したところである。

　前述の中教審答申は、教育課程の実施に当たって必要な条件整備の一つとして、「地域との連携に当たっては、コミュニティ・スクールの仕組みの積極的な活用や、地域学校協働本部との協働を図ることが望まれる」と指摘する。つまり、新学習指導要領が総則で示した「教育活動の実施に必要な人的又は物的な体制を家庭や地域の人々の協力」を得るための仕組みとしてコミュニティ・スクールや地域学校協働本部の効果的な活用をうながすのである。

　そして、平成27年3月の地教行法の一部改正によって、教育委員会にはコミュニティ・スクールを導入することが努力義務化されたことから、今後、多くの地方でその導入が急速に進展していくことが予想されるのである。コミュニティ・スクールは「社会に開かれた教育課程」を

113

効果的に展開するのに最も望ましい仕組みだといえるのである。

地域学校協働本部のイメージと期待

(1) 地域学校協働本部とは

　地域学校協働本部とは、学校支援地域本部の発展形であり、その名称からもわかるように、「地域」の文字を最初に置き、また「支援」を「協働」に改めたように、学校支援のみならず家庭教育支援や地域活動などにも取組みの輪を拡充することに特色がある。

　前述したガイドラインによれば、地域学校協働本部とは、「従来の学校支援地域本部等の地域と学校の連携体制を基盤として、より多くのより幅広い層の地域住民、団体等が参画し、緩やかなネットワークを形成することにより、地域学校協働活動を推進する体制」(p.3)だと定義される。文部科学省では学校支援地域本部と同様に、それを社会教育事業として位置付けている。

(2) 地域学校協働活動推進員の設置

　また、社会教育法は平成29年3月の一部改正によって、地域学校協働推進員（以下、「推進員」）を創設し、この設置（法では委嘱）を可能にした。推進員は学校に配置され、「地域学校協働活動に関する事項につき、教育委員会の施策に協力して、地域住民等と学校との間の情報の共有を図るとともに、地域学校協働活動を行う地域住民等に対する助言その他の援助を行う」ことが役割とされる（社会教育法第9条の7第2項）。つまり、学校と地域をつなぐ仲介者に位置付けられるが、住民等に対し

ては指導者の地位にある。具体的役割はガイドラインで以下の事項が示されている（p. 29）。

> ・地域や学校の実情に応じた地域学校協働活動の企画・立案
> ・学校や地域住民、企業・団体・機関等の関係者との連絡・調整
> ・地域ボランティアの募集・確保
> ・地域学校協働本部の事務処理・経費処理
> ・地域住民への情報提供・助言・活動促進　等

　推進員は任意設置とされるが、設置の場合にはコミュニティ・スクールに置かれる学校運営協議会の委員に加えることが義務付けられた。その身分は明確にされていないが、「任命」ではなく「委嘱」とされていることから、「任命」による学校運営協議会委員とは異なり、特別職の公務員に位置付けられていないようである。教育委員会は推進員を文書で委嘱するとともに、その処遇や役割等を明確に示すよう求められている。

(3)　地域学校協働活動への期待

　推進員が担う地域学校協働活動とは、社会教育法では「学校と協働して行うもの」と定義されるが、ガイドラインでは「地域の高齢者、成人、学生、保護者、PTA、NPO、民間企業、団体・機関等の幅広い地域住民等の参画を得て、地域全体で子供たちの学びや成長を支えるとともに、『学校を核とした地域づくり』を目指して、地域と学校が相互にパートナーとして連携・協働して行う様々な活動」だと記されている(p. 6)。
　この定義も決して明確だとはいえないが、従来の学校支援という一方向的な活動を発展させ、地域住民等が学校のパートナーとして協働していく点を重視し、また「地域づくり」の観点から家庭教育支援や地域活

動等も含むものと解してよい。したがって、児童生徒や協働活動に関わる地域住民等にとって生き甲斐づくりの場になることも期待されている。

　これまで、学校支援活動は学校の「不足」を補完するに過ぎないという批判も聞こえていたが、「協働活動」に改められたことによって支援者である地域住民等にとっての教育的な意味が注目され、同時に地域づくりの視点が後景から脱するようになった。そして、推進員を学校運営協議会委員に位置付けることによって、コミュニティ・スクールと協働本部ないしは協働活動との関係付けが明確にされたのである。

コミュニティ・スクールと地域協働活動を進める学校体制づくり

(1) コミュニティ・スクールと地域学校協働本部との連携の意義

　ガイドラインは、学校運営協議会（コミュニティ・スクール）と地域学校協働本部が効果的に連携することによって、次のような効果が期待できると述べている（p.26）。

・学校運営の改善と連動した地域学校協働活動の推進
・地域と学校の組織的・継続的な連携・協働体制の確立
・子供の教育に関する課題や目標等の共有による当事者意識の高まり

　地域学校協働本部は社会教育事業であるから、学校運営協議会のような学校参画の仕組みと連携しなければ、学校の協力や資源を得ることが難しい。そこで、法に基づく制度である学校運営協議会との連携を図れば、必然的に学校との関係性が築かれ、相互協力の体制がつくられ、結

果として組織的・継続的な連携が可能になる。特に、地域学校協働推進員が学校運営協議会のメンバーに加わることによって、両者の関係を確固としたものになる。

そこで、コミュニティ・スクールと地域学校協働本部との一体的・効果的な関係をどうつくればよいのか。最後に、そうした観点から学校体制づくりの課題について述べておきたい。

(2) コミュニティ・スクールにおける推進本部の位置付け

コミュニティ・スクールに置かれる学校運営協議会と地域学校協働本部とをどう位置付けるのが望ましいのだろうか。コミュニティ・スクールの実態を概観すると、その位置付けの在り方はおおよそ以下のように類型化できる。

A．協働本部を学校運営協議会の下部組織（実働組織）に位置付けるタイプ（Aタイプ）

B．協働本部は学校運営協議会に位置付けられていないが、情報交換などによりそれと連携しているタイプ（Bタイプ）

C．協働本部と学校運営協議会はそれぞれ独立して活動しているタイプ（Cタイプ）

筆者らが実施したコミュニティ・スクール全国調査[5]によると、表1に記したように、地域本部（地域学校協働本部に相当）を学校運営協議会（表中は「協議会」）の下に位置付けている「Aタイプ」は全体で34.1％存在し、また、（学校運営協議会の）下部組織ではないが、協議会と連携させている「Bタイプ」は56.3％と最も多く、そして、地域本部等と協議会は独立した活動をしている「Cタイプ」は9.6％と最も少ない実態にある。

表1　学校運営協議会と学校支援地域本部の関係付け―校種別―

	地域本部等を協議会の下部組織等に位置付けている（Aタイプ）※3	下部組織ではないが、協議会と連携させている（Bタイプ）	地域本部等と協議会は独立して活動している（Cタイプ）	合計
小学校	138(35.8)	211(54.7)	37(9.6)	386(100.0)
中学校	49(28.3)	107(61.8)	17(9.8)	173(100.0)
幼稚園※1	6(54.5)	5(45.5)	0(0.0)	11(100.0)
高等学校※1	0(0.0)	0(0.0)	1(100.0)	1(100.0)
特別支援学校※1	3(100.0)	0(0.0)	0(0.0)	3(100.0)
全体※2	196(34.1)	323(56.3)	55(9.6)	574(100.0)

※1：参考値。※2：無回答は欠損値扱い。
※3：タイプ名は本調査では記していない。
数値：校数、（　）：％

　半数以上のコミュニティ・スクールでは地域本部等を学校運営協議会の下部組織に位置付けてはいないが、何らかの連携を図っているのである。また、約3分の1のコミュニティ・スクールは地域本部等を学校運営協議会の下部組織に位置付けていることになる。

(3) 学校運営協議会と地域本部等との効果的な体制づくりの在り方

　それでは、地域本部等と学校運営協議会との関係付けによる成果に違いがあるのだろうか。ここでは、前記の全国調査のデータを用いて、AタイプからCタイプまでの3タイプ別に、校長の成果認識に関わる回答を数量化して（96点満点）、その平均値を算出してみた。図4はその結果を示したものだが、「Aタイプ（地域本部等を学校運営協議会の下部組織に）」65.2ポイント、「Bタイプ（下部組織ではないが、学校運営協議会と連携）」67.6ポイント、「Cタイプ（地域本部等と学校運営協議会は独立して活動」61.9ポイントとなり、Bタイプが最も高い数値を示し、次いでAタイプが続き、Cタイプが最も低くなった。AタイプとBタイ

第7章
地域との新たな協働に基づいた学校づくり

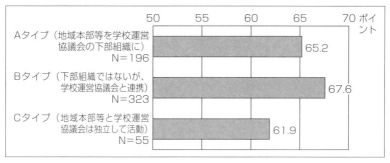

図4　3タイプ別の成果認識平均値（96点満点）

プの数値差は2.4ポイントに過ぎないが、検定結果では、BタイプはAタイプとCタイプに対して有意に高い数値であることが認められた。

　以上から、地域本部（協働本部）が学校運営協議会から全く独立して活動するよりも、一定の関わりをもちながら運営していく方が効果的だといえ、特に、地域本部等を学校運営協議会の下部組織に位置付けるよりは、別組織等として位置付けながらも連携させていく方がより効果的だといえるのである。

(4)　コーディネーターの配置の在り方

　それでは、地域学校協働活動を担うコーディネーターの配置形態は成果認識にどう関係しているのか。図5は同じく前記調査のデータの分析結果であるが、成果認識平均値が最も高いのは「地域本部等の地域コーディネーターが学校運営協議会のコーディネーターを兼ねる」67.9ポイントで、次いで、「学校運営協議会独自のボランティアによるコーディネーターの配置」及び「教職員がコーディネーターを担っている」の66.0ポイントとなる。「学校運営協議会独自の非常勤職員コーディネーター」は校数が少ないものの最低値の60.6ポイントにとどまり、「コーディ

ネーターは配置されていない」の64.3ポイントを下回った。検定結果では、「地域本部等の地域コーディネーターが学校運営協議会のコーディネーターを兼ねる」が「配置されていない」を有意に上回ることが認められたが、その他のタイプ間には有意差が認められなかった(最低値の「非常勤職員」に対してはその度数が少ないため有意差が認められなかった)。

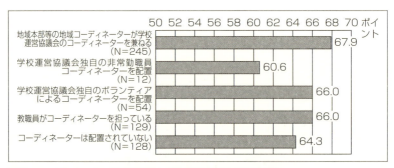

図5　コーディネーターの配置形態と成果認識平均値（96点満点）

数値に注目すれば、コーディネーターは地域本部等と学校運営協議会を兼務するタイプが最も成果認識が高い結果となった。その意味でも、学校運営協議会と地域本部(協働本部)との効果的な運用には共通のコーディネーター配置が望まれるのである。

⑧ 期待される地域連携の仕組みの活用

以上に述べてきたことを簡潔にまとめておこう。まず、学校支援活動すなわち現在の地域学校協働活動は児童生徒の学力向上に資するものと考えられ、その意味でも学校と地域の連携は重要な取組みに位置付けられる。地域連携によって児童生徒の経験・体験は多様かつ豊かになり、こうした経験等が学びの実感的理解をうながし、また学びを実生活に活

用することにプラスに働くからである。

　そうした地域連携の取組みを進める手立てとしてコミュニティ・スクールと地域学校協働本部が存在するが、これら両者を何らかの形で連携させる方が高い成果が得られ、同時に、地域づくりにも資することが期待される。その両者の一体的な運用がうながされるのはそうした利点が期待されるからである。

　また、地域連携にとってコーディネーターは重要な役割を果たすが、学校運営協議会と地域学校協働本部のそれを兼務するというスタイルが最も効果的である。

　「社会に開かれた教育課程」はそうした地域連携を基盤にして取り組まれることによって、児童生徒の学力向上と地域の活性化につながるという意義を有するのであろう。そのためには、コミュニティ・スクールや協働本部などの仕組みを地域連携のツールとして活用されることが期待されるのである。

【注】
1) 文部科学省・国立教育政策研究所『平成25年度全国学力・学習状況調査報告書クロス集計』2013年。なお、グラフのデータは、お茶の水女子大学『平成25年度全国学力・学習状況調査（きめ細かい調査）の結果を活用した学力に影響を与える要因分析に関する調査研究』による。
2) 中央教育審議会「幼稚園、小学校、中学校、高等学校及び特別支援学校の学習指導要領等の改善及び必要な方策等について（答申）」2016年12月
3) 『認識の三段階連関理論』季節社、1999年
4) 磯村英一編著『コミュニティの理論と政策』東海大学出版会、1983年、pp. 13-15
5) 日本大学文理学部（研究代表：佐藤晴雄）『平成27年度文部科学省委託調査研究　総合マネジメント力強化に向けたコミュニティ・スクールの在り方に関する調査研究報告書』2016年3月のデータを再分析した。
　　また、本調査に関しては、以下の文献を参照されたい。
　　・佐藤晴雄『コミュニティ・スクールの成果と展望』ミネルヴァ書房、2017年

第8章
小中連携・一貫教育を新教育課程に生かす

京都産業大学教授
西川信廣

小中一貫教育の成果と課題

　小中一貫教育は、「平成12年に広島県呉市の研究開発学校における取組が行われて以来、15年以上にわたり、地方教育行政や学校現場での取組が蓄積され、顕著な成果が明らかになってきました」[1]と文科省が総括する通り、今日では全国の1,743の市区町村教育委員会の7割以上でその取組みが実践されてきている[2]。しかし、その実態には多様性があり、依然として「連携」レベルに留まっていると思われる事例も少なくない。その一方で、平成27年夏には学校教育法が改正され、翌年4月からは義務教育学校、小中一貫型小・中学校が制度化されるなど、国レベルでの小中一貫教育に関する施策はセカンドステージともいえる段階に入っている。本論は、小中一貫教育の成果と課題を明らかにしたうえで、義務教育学校、小中一貫型小・中学校の制度化を、教育課程編成の学校裁量権拡大の観点から検討し、新教育課程にどう生かすかという視点を提示することをねらいとするものである。

(1) 教育再生実行会議第5次提言の概要

　平成26年7月3日、教育再生実行会議は第5次提言「今後の学制等の在り方について」を発表した。同提言はそれ以後の小中一貫教育の進展に大きな影響を与えたものであり以下に引用する。提言は、

> 1．子供の発達に応じた教育の充実、様々な挑戦を可能にする制度の柔軟化など、新しい時代にふさわしい学制を構築する。
> 2．教員免許制度を改革するとともに、社会から尊敬され学び続け

> る質の高い教師を確保するため、養成や採用、研修等の在り方を見直す。
> 3．一人一人の豊かな人生と将来にわたって成長し続ける社会を実現するため、教育を「未来への投資」として重視し、世代を超えて全ての人たちで子供・若者を支える。

という3つの柱から構成されているが、1の(2)では、「小中一貫教育を制度化するなど学校段階間の連携、一貫教育を推進する」という節が立てられ、

> ○ 学校段階間の移行を円滑にする観点から、幼稚園等と小学校、小学校と中学校などの学校間の連携が一層推進されるよう、国は、教育内容等を見直すとともに、地方公共団体及び学校は、教員交流や相互乗り入れ授業等を推進する。特に、今後、拡充が予定されている英語のほか、理科等の指導の充実のため、小学校における専科指導の推進を図る。また、コミュニティ・スクールの導入の促進により、保護者や地域住民の参画と支援の下、より効果的な学校間連携を推進する。
> ○ 国は、小学校段階から中学校段階までの教育を一貫して行うことができる小中一貫教育学校（仮称）を制度化し、9年間の中で教育課程の区分を4-3-2や5-4のように弾力的に設定するなど柔軟かつ効果的な教育を行うことができるようにする。小中一貫教育学校(仮称)の設置を促進するため、国、地方公共団体は、教職員配置、施設整備についての条件整備や、私立学校に対する支援を行う。
> ○ 国は、上記で述べた学校間の連携や一貫教育の成果と課題について、きめ細かく把握・検証するなど、地方公共団体や私立学校

> における先導的な取組の進捗を踏まえつつ、5-4-3、5-3-4、4-4-4などの新たな学校段階の区切りの在り方について、引き続き検討を行う。

と述べられている。特に、小中一貫教育学校（仮称）の設置の促進や、義務教育の区分を柔軟に設定できるように国、地方公共団体は条件整備を行うべき、という記述は、全国的に展開されている小中一貫教育の状況を高く評価したものであり、その進展を期待するものとなっている。続いて、先導的な取組みの進捗を踏まえつつ5-4-3、5-3-4、4-4-4などの新たな学校段階の区切りについては引き続き検討を行うと述べ、第5次提言は、義務教育は当面9年間の年限で実施されるが、その教育課程の区切りを基礎自治体、各学校現場で、地域と子供の実態に合わせて創意工夫をすることを求める内容であったということができる。

(2) 平成26年文科省全国調査にみる成果と課題

　文科省は平成26年夏に上記の教育再生実行会議の第5次提言が出されること踏まえ、小中一貫教育の実態に関する全国調査を企画した。それまで、文科省は小中一貫教育の実態調査を行ったことはなく、その実態把握はほとんどできていなかったのである。

　平成26年5月に全国1,743の全市区町村教育委員会を対象に実施された小中一貫教育に関する実態調査は、同年12月22日に出された中教審答申「子供の発達や学習者の意欲・能力等に応じた柔軟かつ効果的な教育システムの構築について」の基礎資料として活用されるなど、以後の小中一貫教育に関する国の施策のベースとなったものである。調査結果は「小中一貫教育等についての実態調査の結果」[3]に詳細に報告されているが、その「成果と課題」をまとめると以下のようになる。

① 経過年数が長い取組みの方が多くの成果を認識している。
② 教科担任制を導入している取組みの方が多くの成果を認識している。
③ 乗り入れ授業を実施している取組みの方が多くの成果を認識している。
④ 一人の校長がマネジメントしている取組みの方が多くの成果を認識している。
⑤ 現行の6-3制の中で、6-3制とは異なる学年段階の区切り（特に4-3-2制）を導入している取組みの方が多くの成果を認識している。
⑥ 9年間の教育目標を定め各教科別に9年間のカリキュラム編成に至っている取組みの方が多くの成果を認識している。
⑦ 施設分離型よりは施設隣接型、施設隣接型よりは施設一体型の方が、より多くの成果を認識している。

上記のまとめの内容が、以後の文科省の政策の方向性を決定付けたといっても過言ではないといえよう。

❷ 義務教育学校、小中一貫教育型小・中学校の制度化

(1) 平成26年12月22日中教審答申と義務教育学校、小中一貫型小・中学校の制度化

　義務教育学校は平成27年6月の学校教育法改正によって制度化された。法改正に至った重要な要因として、平成26年12月22日の中教審答申がある。同答申は、26年5月に実施された文科省の小中一貫教育に関する全国調査の結果、及び同年7月の教育再生実行会議第5次提言を踏まえて

出されたものであるが、同提言の第1章「小中一貫教育の制度化及び総合的な推進方策について」の内容を要約すると以下のようなものとなる。

まず、小中一貫教育が取り組まれている背景としては、平成18年の教育基本法改正による義務教育の年限規定の削除、翌年の学校教育法の改正による義務教育の目的・目標規定の新設、児童生徒の発達の早期化、中学校進学後の不登校、いじめ等の急増、小規模校の増大等の義務教育の課題の顕在化があり、それらへの対応が求められていることがある。

また国の調査によれば、小中一貫教育の実施校のほとんどが顕著な成果を認識しており、その内容は学力向上、中1ギャップ緩和、教職員の意識・指導力の向上など多岐にわたる。その一方で、教職員の負担軽減など解消を図るべき課題も存在する。

小中一貫教育の制度設計の基本的方向性及びその制度化の目的は、一体的な組織体制の下、9年間一貫した系統的な教育課程を編成することができる学校種を新たに設けるなどして、設置者が地域の実情を踏まえて小中一貫教育が有効と判断した場合に、円滑かつ効果的に導入できる環境を整えることであり、これにより、小中一貫教育の優れた取組みの全国展開と既存の小中学校における小・中連携の高度化が促進され、義務教育全体の質的向上が期待される。

また、同答申では「教育課程の特例」の項を設け、以下のように述べている。

【小中一貫教科等の設定】
・小中一貫教育の軸となる独自教科等（小中一貫教科等）の実施
・小中一貫教科等による他の各教科等の代替
・小中一貫教科等の授業時数による他の各教科等の授業時数の代替

【指導内容の入替え・移行】（当初、連携型小・中学校の場合は設

置者の判断ではできないとされたが、後に可能と変更された）
・小学校段階の指導内容の中学校への後送り移行
・中学校段階の指導内容の小学校への前倒し移行
・小学校段階における学年間の指導内容の後送り又は前倒し移行
・中学校段階における学年間の指導内容の後送り又は前倒し移行

　後述するように、平成28年4月に義務教育学校に移行した22校に限っても、指導内容の前倒し、後送りを系統的に行っている学校は少ない。しかし、重要なことは学習指導要領に示された内容項目を網羅し、各教科の系統性・体系性に配慮し、義務教育における機会均等の観点からの適切な配慮がなされておれば、教育課程特例校、研究開発学校などの指定を受けずとも、設置者の判断で上記のような教育課程の特例の活用が可能となったということである。

(2)　新制度の内容と今後の導入予定

　平成27年6月の学校教育法改正、それに続く政省令改正で新たに制度化された義務教育学校と小中一貫型小・中学校（設置者が同じ場合は併設型小・中学校、設置者が異なる場合は連携型小・中学校と称する）の類型は表1に示すものである。

表1　新しく制度化された小中一貫教育校の2つの類型

	義務教育学校	併設型小・中学校
修業年限	・9年（ただし、転校等の円滑化のため、前期課程6年、後期課程3年の区分は確保）	・小・中学校と同じ

教育課程	・9年間の教育目標の設定、9年間の系統性を確保した教育課程の編成 ・小・中学校学習指導要領を準用した上で、一貫教育の実施に必要な教育課程の特例が可能（新教科の創設、指導事項の入替え等）	・9年間の教育目標の設定、9年間の系統性を確保した教育課程の編成 ・小・中学校学習指導要領を適用した上で、一貫教育の実施に必要な教育課程の特例が可能（義務教育学校と同じ）
組　織	・1人校長、1つの教職員組織 ・原則は小・中免許を保有	・学校毎に校長、教職員組織 ・校種に応じた免許を保有
施　設	・施設の一体、分離を問わず設置可能	・施設の一体、分離を問わず設置可能

　平成28年4月に学校教育法が施行されることに先立って、文科省は同年2月に各都道府県、市区町村教育委員会に対して義務教育学校、小中一貫型小・中学校への導入意向調査を行った。結果は以下のようなものである。

○公立義務教育学校の設置予定件数…136校
　　形態…施設一体型109校(80%)、隣接型6校(4%)、分離型5校(4%)
　　　　　未定・検討中16校(12%)
　　うち、平成28年4月設置…22校（13都道府県15市区町村）
　　　　　22校のうち、施設一体型19校、隣接型3校
　＊その他、国立3校、私立2校が設置予定（28年4月開校は0校）
○公立併設型小・中学校の設置予定数…437件
　　形態…施設一体型53件(12%)、隣接型32件(7%)、分離型223件(51%)
　　　　　未定・検討中129件（30%）
　　うち、平成28年4月設置…115件（21府県37市町村）
　　　　　115件のうち、施設一体型13件（11%）、隣接型10件（9%）、
　　　　　分離型89件（77%）、未定・検討中3件（3%）
　＊その他、国立3件、私立8件が設置予定（28年4月設置は3件）
○公立連携型小中学校設置予定…2件（28年4月設置は0件）

第8章　小中連携・一貫教育を新教育課程に生かす

　平成11年に制度化された中等教育学校は15年が経過した平成26年度末時点で、全国で公立校30校、国立校4校、私立17校が設置されているのみである。それに比べると義務教育学校は、設置予定数が136校（初年度設置は22校）、連携型に至っては437件（初年度設置は115件）が設置予定と回答しており、その量的な拡大は今後も続くと予想される。

　表2は、平成28年4月に設置された義務教育学校22校の施設形態、学年の区切り、教育課程の特例についてまとめたものである。

表2　平成28年4月に設置された義務教育学校の状況

都道府県	学校名	取組開始年度（平成）	施設形態	学年区切り	教育課程の特例
北海道	斜里町立ウトロ知床学園	28年	一体型	6-3	予定なし
北海道	中標津町立計根別学園	27年	一体型	6-3	検討中
岩手県	大槌町立大槌学園	27年	一体型	4-3-2	一貫教科
山形県	新庄市立萩野学園	27年	一体型	4-3-2	予定なし
茨城県	つくば市立春日学園	24年	一体型	4-3-2	一貫教科
茨城県	水戸市立国田学園	23年	一体型	4-4-1	一貫教科
千葉県	市川市立塩浜学園	27年	隣接型	4-3-2	一貫教科
東京都	品川区立品川学園	18年	一体型	4-3-2	★
東京都	品川区立日野学園	18年	一体型	4-3-2	★
東京都	品川区立伊藤学園	18年	一体型	4-3-2	★
東京都	品川区立荏原平塚学園	18年	一体型	4-3-2	★
東京都	品川区立八潮学園	18年	一体型	4-3-2	★
東京都	品川区立豊葉の杜学園	18年	一体型	4-3-2	★
神奈川県	横浜市立霧が丘学園	21年	隣接型	4-3-2	検討中
石川県	珠洲市立宝立小中学校	24年	一体型	4-3-2	一貫教科・中小前倒し
石川県	珠洲市立大谷小中学校	28年	一体型	4-3-2	一貫教科・中小前倒し
長野県	信濃町立信濃小中学校	24年	一体型	4-5	検討中
大阪府	守口市立さつき学園	26年	一体型	6-3	検討中
兵庫県	神戸市立港島学園	26年	隣接型	6-3	検討中
高知県	高知市立行川学園	23年	一体型	4-3-2	検討中

高知県	高知市立土佐山学舎	27年	一体型	4-3-2	一貫教科
佐賀県	大町町立ひじり学園	23年	一体型	4-3-2	検討中

★品川区立の6校は調査に対しすべて「一貫教科（市民科）、中小前倒し、小内入替え・中内入替え」を実施、と回答しているが、その6校の中でも取組みに多様性がある。

義務教育学校の取組みの現状

(1) 品川区立日野学園の取組み

既に述べたように義務教育学校は新教科の開設や教育課程の前倒し、後送り等の教育課程編成の学校裁量権の拡大が認められたところにその特徴がある。では平成28年4月に開設された22校の義務教育学校の実際の取組みはどのようなものであろうか。品川区立日野学園、神戸市立港島学園、守口市立さつき学園の3校の事例を以下に紹介する。

品川区は平成28年4月時点で9中学、31小学校、6義務教育学校を有し、平成18年度から全校で小中一貫教育に取り組んでいる。品川区立日野学園は平成18年に同区で最初の施設一体型小中一貫教育校として開設された。品川区は、平成12年に学校選択制を導入、平成15年には全区で小中一貫教育特区の指定を受けるなどの新施策を展開していったことは周知の通りである。背景には、いわゆる「私学抜け」（区立小学校から私立、国立中学校へ進学する者の割合）が25％に達する中で、「保護者から選択される公立学校づくり」を目指した教育委員会の判断があった。

日野学園は、平成28年4月時点で全校児童生徒数1,004名、教職員数43名である。9年間の一貫教育校であり、学年の区切りは4-3-2制を採用している。

品川区では全校に生活科、総合の時間をベースに9年間を通した「市

第8章 小中連携・一貫教育を新教育課程に生かす

民科」を設置し、児童生徒の社会性、人間関係形成力の向上に努めているが、日野学園でもコミュニケーションスキルを育むことを目標として、市民科に取り組んでいる。また、5年生からは50分授業を採用し、中間、期末の定期試験が導入されている。さらに毎週、月・火・木・金の13：20～13：40の間に「ステップアップ学習」が設定されている。このステップアップ学習のねらいは「基礎・基本の学力を徹底して身に付けさせるとともに、児童生徒の実態に合った学び方を通し、個々の興味関心に応じて段階的に能力や学ぶ力を伸ばしていく。（中略）ステップアップ学習においては、国語科、社会科、算数・数学科、理科の4教科及び英語科について必修教科の授業との関連を図りながら、基礎的な学力の定着に努める」[4]と説明されているが、実際は6年生の3学期には中学1年の英語、数学の教科書を購入させ、7年生の教育内容の前倒し指導を行うなどして、最終的には、9年生の11月までに学習指導要領が求める義務教育9年間の教育課程の学習を修了することを目指しているのである。その理由は明快であり、12月以降は、私立、国・公立難関高校への受験準備に充てるためである。

実際には日野学園では例年、6年生（毎年平均90名前後）の卒業生のうち約20％が他中学校へ転出する。そして約90名の中学1年生が他の小学校から学校選択権を行使して新たに日野学園の7年生として転入してくる。つまり、7年生は内部進学者より外部の小学校出身者が多い中で、新たなスタートが切られるのである。したがって、外部から日野学園に入学した生徒に対しては7年生の1学期中をめどに、内部進学者の学習進度に追いつくためにステップアップ学習が習熟度別で実施されている。

品川区には現在6校の施設一体型小中一貫教育校が設置されているが、他の5校がすべて同じ施策を採っているわけではない。中には、他の小学校から進学してくる7年生と内部進学者との学習進度が異なることは問題であると判断し、中小間の指導内容の前倒しは導入せず、1～

6年生での指導内容の工夫、7～9年間の指導内容の工夫に留めている学校もある。日野学園では小学校籍教員の労働時間だけを取り上げても5、6年生担任の教師は毎日30分（5分×6）、週当たり150分に加えて、ステップアップ学習で週80分、計週当たり230分の「超過勤務」となる。

　一方、日野学園に対する区教委の支援としては、「小中一貫教育カリキュラムプラン21」[5]の策定がある。いうまでもなく「プラン21」は、品川区立のすべての学校に向けて作成されたものであるが、小中一貫教育を標榜し、域内の学校に小中一貫教育の取組みを求めながら、そのための教育課程編成の具体例も示せない自治体は少なくないのである。その意味で品川区教育委員会の取組みは高く評価されてよいであろう。さらに、区費単費の教員（英語科中心）が複数名加配されており[6]、英語科、理科、音楽科、家庭科、図工科において中学籍の教員による乗り入れ授業が行われている。

　しかしながら、日野学園の教職員に「負担感」が大きいことは想像に難くないが、私学抜けが多く、競争原理の導入による公立学校の活性化、さらには経済的に恵まれない家庭では公私間の選択ができない状況を打開するために導入された学校選択制の下では、日野学園は「選ばれる学校」となっていることは事実であり、いわゆる数字で示される学力も非常に高いレベルにあることも事実である。小中一貫教育の観点から見たとき、日野学園の課題——教師の多忙感——は小中一貫教育の弊害ではなく、「選ばれる学校」になることを求められる、学校選択制の弊害であることを明確にしておく必要があるだろう。

(2)　神戸市立港島学園の取組み

　平成28年4月に義務教育学校としてスタートした神戸市立港島学園は、昭和55年にポートアイランドに開設された港島小学校と同中学校を統合

して設置されたものである。港島小学校は1990年代初頭には児童数1,800名に及ぶ全国でも最大規模の小学校であったが、阪神淡路大震災を機に急速に人口が減少し現在では９学年で789名（前期課程568名、後期課程221名）となっている。

　港島学園の平成28年度の教育テーマは、「学力向上を目指した小中一貫教育の推進」であり、重点取組みとして以下の３つが挙げられている[7]。

* 　小中一貫カリキュラム教科研究（算数・数学）
* 　英語活動の充実（カリキュラム作成）
* 　学習支援ツール、ICT機器の活用

　しかし、平成28年度では、１年生からの英語学習は実施されているが、それ以外、特に小中一貫したカリキュラム作りにはまだ着手されていない。それは設置者である神戸市教育委員会の課題でもある。港島小・中学校は平成23年度から市の「小中一貫カリキュラム教科拠点地区推進校」に指定されてはいたが、神戸市立小・中学校では同校以外に小中一貫教育に取り組んでいる学校はない。正確には、神戸市内の他の小・中学校では小中連携教育は標榜されてはいたが、それさえほとんど具体的取組みには至っていなかった。

　その原因としては神戸市立小・中学校の複雑な校区編成がある。山が海に迫り平野部が少ない神戸市では、「建てられる場所に学校を建てる」ことが優先され、１つの小学校が２つ以上の中学校に分かれて進学する「分割校」も数多くあり、また既存のＡ中学校の隣にＢ中学校が新設され、Ｂ中校区の生徒はＡ中校区を横切って通学するといったケースも見られる。そのような物理的制約が、中学校区を単位として小学校と中学校とが一体的な取組みを進めることを困難にしてきたのである。

　施設隣接型で、これまで特徴的な小中一貫教育に取り組んできたとはいえない港島学園が、なぜ義務教育学校としてスタートしたのであろうか。港島自治連合会、保護者、学校関係者から構成される「港島幼小中

一貫教育推進会議」が作成した「小中一貫教育推進校港島学園」(平成26年)という冊子には、「港島でなぜ一貫教育が必要なのか」と題し、
　＊港島は1小学校1中学校の校区で、同一敷地内にあり、義務教育9年間を見通した教育活動ができる。それを地域が力強く支えてくれるという他の地域にはない恵まれた環境にある。
　＊その環境の中にあることによって、全教職員が港島学園としての9年間の連続した学びづくりを行うことが出来る。また、統一した教育目標の下で、系統的・段階的に学び方を学ばせる教育活動を行っていくことが出来る。
と記されている。

　港島学園は校地の一部売却が具体化されれば、校舎の改築に着手し、平成31年に施設一体型の義務教育学校として再スタートを切る予定である。現在の管理職からは、すべてはそれからであるという返答もあったが、現時点で港島学園の取組みの特徴的な点は主に人事面にある。

　現在港島学園には、学園長、副学園長（中学籍、学園内では校長）、教頭2名、計4名の管理職が配置されているが、学園長は神戸市教育委員会の部長の兼任であり、通常午前中は教育委員会で職務を遂行している。学園長は学園と市教委のスムーズな意思疎通を目的とした連絡調整を主な職務とし、学園運営は副学園長の役割となっている。また、港島学園の管理職はすべて、平成28年4月1日付けで他校からの異動で着任した新任という人事である。加えて、全職員56名のうち23名が他校から異動してきており、新しい学校へのスタートとして人心一新を図ったことが窺える。

　市教委の支援としては人的支援が中心となっており、港島学園では後期課程の全クラスが市単費加配による複数担任制を採っている。後期課程への加配教員が、5、6年生の算数科、社会科、理科で教科担任制を導入する方針であるが、28年度時点では、まだ完全なものではなくTT

第8章
小中連携・一貫教育を新教育課程に生かす

授業を行っている場合も多い。

　義務教育学校に期待される教育課程編成の学校裁量権の拡大、具体的には指導事項の前倒し、後送りなどはまだ手付かずの段階であるが、それは神戸市教委が小中一貫した教育課程編成の例示や具体的指導を成しえていないことが原因の一つであると考えられる。ともあれ、港島学園は近々施設一体型義務教育学校となることが計画されており、今後の取組みを注視したい。

(3)　守口市立さつき学園の取組み

　守口市立さつき学園は、同市立滝井小学校、春日小学校（旧守口市立第3中学校に隣接）を統合したさつき小学校（形式上は、滝井小学校を廃校にし、春日小学校と統合した上で名称をさつき小学校と改称した）と第3中学校を統合した施設一体型義務教育学校として平成28年4月に新設された。

　さつき学園は、管理職4人（校長、副校長、教頭2人）の体制であるが、結論からいえば、さつき学園は現時点では教育課程編成における学校裁量権を十分に行使できてはいない。職員室も1つであり、最新の施設環境を有しながらも学年区分も6-3制であり、指導事項の前倒し、後送りもなされていない。唯一9年間を通して緩やかな4-3-2制の下での取組みとしてキャリア教育の充実を挙げているが、実際は総合学習の域を出てはいない[8]。

　守口市は人口約14万人、7中、15小、1義務教育学校を有する自治体であり、同市には教育センターも設置されている。しかし、教育センターは日常の保護者、児童生徒の相談業務に追われ、教育課程編成や新教科の設置研究にまで手が回っていない。よって、義務教育学校に課せられた、子供の実態に応じた教育課程編成の創意工夫のための事例研究

や具体的支援が行われてはいないのが現状である。

　しかし、さつき学園にはコミュニティ・スクールへ移行する構想がある。校舎1階には地域の人々が集えるコミュニティ・スペースが設置されており、校長は平成30年4月から学校運営協議会を発足させ、本格的なコミュニティ・スクールに移行する計画を公表し、準備委員会は既に平成28年11月に発足している。しかし、大阪府教育委員会は必ずしもコミュニティ・スクール化には積極的ではなく、さつき学園に設置される学校運営協議会が現在大阪府の各中学校区に設置されている地域教育協議会の機能を越える、本当の意味での地域とともにある学校づくりの鍵的組織になれるかどうかが、さつき学園の取組みの成否を握っているといっても過言ではないであろう。

❹ 小中一貫教育の取組みを新教育課程に生かす

　本章では、義務教育学校、小中一貫型小・中学校の制度化のねらいが、教育課程編成の学校裁量権の拡大にあることを明らかにした。
　平成26年度の全国調査によって小中一貫教育の効果に確信をもった中教審及び文科省は、その取組みを質的に高めるために義務教育学校を制度化し、同時に施設一体型の新設が難しいような自治体でも小中一貫教育に取り組み易くするために小中一貫型小・中学校を制度化したのである。同時に、これらの小中一貫教育新制度は、6－3制の改編に通じるものであることが重要である。近年の一連の中教審の答申、教育再生実行会議の提言は、制度化以降70年を経過した6－3制が今日の子供の成長、発達と合わなくなっており、そのことが学校教育病理の根本原因であるとの見解で一致している。
　しかしながら学校制度の改編は一朝一夕にできるものではなく、まず

その端緒として、教育基本法における義務教育の年限規定を削除し、義務教育学校の制度化によって、個々の学校が児童生徒の実態、地域環境に応じて学習のつまずき、人間関係の課題の原因を分析した上で、その改善に必要な教育課程の創意工夫ができるように、学校裁量権の拡大を認める判断をしたと総括することができる。

平成28年度4月には全国で22校の義務教育学校が新設された。本稿ではそのうちの3校を取り上げたが、品川区立日野学園において9年間を通した新教科「市民科」に加えて、指導事項の前倒し（具体的には6年生3学期に7年生の内容を学習する）が行われている他には、教育課程編成の学校裁量権を積極的に行使している学校は見られなかった。背景には品川区には同教育委員会が作成した「市民科指導事例集」「プラン21」などがあり、それらが学校関係者に指針を与えていることがある。教育課程編成における指導事項の前倒し、後送りは個々の学校単位で実現できるものではなく、市教委、及び都道府県教委の支援が不可欠である。しかし、現実には市町村教育委員会には個々の学校の教育課程編成を支援するだけの能力はないことが最大の問題である。

平成26年12月の中教審答申で述べられた、

・小学校段階の指導内容の中学校への後送り移行
・中学校段階の指導内容の小学校への前倒し移行
・小学校段階における学年間の指導内容の後送り又は前倒し移行
・中学校段階における学年間の指導内容の後送り又は前倒し移行

等の具体例として、小学校1年生でのアルファベットの指導、小学校6年生での正負の数の指導などが例示されることが多いが、例えば現在中学3年生で学習することになっている素因数分解も小学校5年生で指導することが可能である。5年生で素数を学習する際に分解九九を意識して学習し、12は$1×12$、$2×6$、$3×4$、$4×3$、$6×2$、$12×1$を言えるようにした後、$4×3$を素数の集まりで表現すれば$2×2×3$であ

ることを指導すれば、それは素因数分解である。5年生段階でこの学習を経験した児童は、最大公約数、最小公倍数の学習にも、中学での$\sqrt{12}$が$2\sqrt{3}$であることの学習にも一助となるであろうし、中3での素因数分解の学習も容易になることが想像に難くない[9]。これは一例であるが、子供がどこでつまずくのかを教師が理解した上での指導事項の前倒し、後送りが求められるのである。

　また小中一貫教育を推進するうえでの条件ともいえる「15歳の子供像」の共有からの逆向き設計の授業が、小・中学校で実践される必要がある。新学習指導要領が求める「主体的・対話的で深い学び」は義務教育段階においてそれを経験して成長した子供は何ができる子供（can do）なのかという具体的問いと成果（例えば、中学卒業時に卒業研究を課し、一人一人が研究成果を発表するなど）が、小・中学校で共有されることが必要である。子供の学習段階におけるつまずきがなぜ生じるのかを分析し、必要な指導事項（単元）の前倒しや後送り、さらには繰り返し学習などは、15歳の子供像の共有があって初めて取り組まれるものである。

　従来、我が国では基礎・基本を読み・書き・計算、教科書的知識ととらえ、それらを定着させた上で思考力、表現力、判断力を身に付けるという「積み上げ型」学力観が主流であった。しかし、我々を取り巻く知識基盤型社会とは、変化が激しく常に新しい未知の課題に試行錯誤しながらも対応していくことが求められる社会である。求められるのは、単なる暗記型の知識ではなく、自ら学びを進めることができる力、自分の思いを伝える力、他者の思いを聞き取る力である。それらを身に付けた子供は何ができる子供か、という問いを具体的なイメージに変えながら15歳の子供像の共有が必要なのである。

　しかしながら、本章で取り上げた3校の義務教育学校でも指導事項の前倒し、後送りに取り組んでいるのは日野学園だけであった。神戸市は人口154万人を有する政令市であり、守口市も人口14万人を有する中規

模市である。そのような自治体ですら所管する小・中学校の教育課程編成の学校裁量を支援することが難しいのであるから、より小規模な自治体ではほぼ不可能であろう。教育行政的には、都道府県教育委員会による市町村教育委員会に対する指導、情報提供がより積極的になされることが求められるとともに、現実には相談業務に追われている複数の市教育センターを統合再編し、「地域カリキュラムセンター」としての機能を充実させることが急務であろう。同時に、より小規模な自治体では、複数の自治体が合同で教育行政を担う連合教育委員会の組織化も進められる必要があることを付記しておきたい。

【注】
1) 文科省「小中一貫した教育課程の編成・実施に関する手引き」平成28年12月。なお基礎自治体レベルでは、小中連携という語を使用している場合もあるが、筆者は連携は小・中学校の交流（中学教師の「出前授業」や6年生が中学校の学習発表会に招待されるなどの取組み）に始まり、イベントに終わる例を多く承知しており、本章では基本的に一貫教育という語を使用する。
2) 平成26年文科省の全国調査より。その詳細は、文科省初等中等教育局「小中一貫教育等についての実態調査の結果」平成27年2月にまとめられている。
3) 文科省初等中等教育局、平成27年2月　http://www.mext.go.jp
4) 日野学園「平成28年度教育計画」p. 8
5) 詳しくは品川区教育委員会HPを参照。　http://www.city.shinagawa.tokyo.jp/
6) 区内全中学に区費で加配されている教員もあり、日野学園にのみ加配されている教員数は明らかにできない。
7) 港島学園「平成28年度学校要覧」より。
8) 守口市立さつき学園「平成28年度学校教育計画」p. 42
9) 詳しくは、西川信廣・牛滝文宏共著『学校と教師を変える小中一貫教育』ナカニシヤ出版、平成26年参照。

# 第9章
特別支援教育への
新たな取組み

NPO法人らんふぁんぷらざ理事長
元お茶の水女子大学特任教授
安藤壽子

インクルーシブ教育システムの構築を目指す特別支援教育

(1) 一人一人の発達を支援し学びを引き出す

　新学習指導要領の改訂に向けた中央教育審議会の答申（以下、中教審答申）（文部科学省、2016）には、第8章「子供一人一人の発達をどのように支援するのか―子供の発達を踏まえた指導―」が盛り込まれた。"一人一人の発達を支援する"という視点は、現代の教育課題を考える上で、重要な鍵となる。これまで頻繁に使用されてきた（課題に対する）「対応」という表現がネガティブな意味合いを感じさせるのに対し、子供の"学びを引き出す"というポジティブな表現に生まれ変わったことは意義深い。

　中教審答申は、2030年を見据え、「一人一人の子供たちが、自分の価値を認識するとともに、相手の価値を尊重し、多様な人々と協働しながら様々な社会的変化を乗り越え、よりよい人生とよりよい社会を築いていくために、教育課程を通じて初等中等教育が果たすべき役割を示すことを意図」するとしている。予測不能な近未来にイノベーションを起こすような人材は、必ずしも現代社会への適応力が高いとはいえないかも知れない。

　学習・行動面でいわゆる「課題」を抱えている子供の中にも、類い稀な才能を秘めている子供がいる。古くから、イディオサバン（サバン症候群）と言われる特殊な才能をもつ子供の存在が示されている。また、知的に障害の無い発達障害がある子供にも、優れた才能をもつ子供がいる。こうした子供たちを含め、様々な子供を受けとめる多様性と柔軟性

に満ちた教育は、子供たちの潜在的な可能性を引き出す。それは、豊かで持続可能な未来社会を創造する人材育成につながる。

(2) 学習指導と生徒指導の融合

中教審答申第8章は、「資質・能力の育成に当たっては、子供一人一人の興味や関心、発達や学習の課題等を踏まえ、それぞれの個性に応じた学びを引き出し、一人一人の資質・能力を高めていくことが重要」との立場から、①学級経営の充実、②学習指導と生徒指導、③キャリア教育、④個に応じた指導、⑤インクルーシブ教育システムの構築を目指す特別支援教育、⑥日本語の能力に応じた支援、の6項目について項立てされている。これらの課題は、同じ教育の領域にありながら役割分担されてきた経緯があるが、今後、それぞれの強みを生かしながら協働する取組みが求められる。

例えば、「やる気の無い生徒をどのように指導すればよいか」との相談で、ある中学校の授業を参観したときのことである。確かに、板書を写そうともせず、私語や姿勢の乱れが目立った。しかし、注意深く観察してみると、学習者自身の課題とともに授業者の課題も見えてきた。生徒は、板書を「写そうとしない」のではなく「写せない」、学ぼうとしないのではなく学べないのだ。その要因は、LD（学習障害）による書字困難と外国につながる家庭環境にあると推測された。その結果、小学校時代から学業不振が続くことによって、自己有能感（できるという感覚）がもてず、自尊感情（自分自身が価値ある存在であると感じること）が低下している状態にあった。授業者がそのことを的確に把握しているのか、そこに問題を感じた。

この生徒に対しては、学習指導と生徒指導を融合させたアプローチから、個に応じた指導を開始することが求められる。また、学びの目的を

意識し主体的な取組みをうながすためのキャリア教育も重要である。さらに、保護者を含め適切な進路に関する情報提供を行い、義務教育以降の目標を明確にすることも必要である。

(3) 個に応じた指導

　個に応じた指導とは、個別指導、あるいは取り出し指導ということと同義ではない。一斉指導についていけない児童生徒のために特別に到達目標を下げる、ということでもない。「なぜ学べないのか？」という課題を授業者自身がもち、特別支援教育の視点で要因を分析し、課題解決を図ることである。中教審答申は、授業が分からない生徒には個別の学習支援や学習相談を通じて自分にふさわしい学び方や学習方法を身に付け、主体的に学習を進められるようにする、としている。また、基礎的・基本的な知識・技能の習得が重要であるとともに、思考力・判断力・表現力等や学びに向かう力は家庭環境によって差が生じやすいため留意すること、一人一人の課題に応じた「主体的・対話的で深い学び」を実現し学びの動機付けを高めることも重要としている。

　LD（学習障害）は、「全般的な知的発達に遅れはないが、聞く、話す、読む、書く、計算する又は推論する能力のうち特定のものの習得と使用に著しい困難を示す様々な状態を指すもの」（文部科学省、2004）と定義される。このうち、学校教育で最も気付かれやすいのは書字困難である。板書が写せない、漢字練習の宿題を提出しない、漢字テストで点が取れない等の問題があれば、特別支援教育コーディネーターを中心に校内委員会を開催し、個別の指導計画を作成し、学校支援体制を整え、個に応じた学習支援を開始する必要がある。

　個に応じた指導と同時に、教育相談的なアプローチで生徒の心理面・情緒面のケアも不可欠である。前述の生徒のように、自信の喪失からい

わゆる二次障害といわれる状況に陥っている場合が多い。キャリア教育で育成を目指す4つの能力——人間関係形成・社会形成能力、自己理解・自己管理能力、課題対応能力、キャリアプランニング能力——（中教審答申より）に着目し成長をうながすことが必要である。

(4) インクルーシブ教育システムの構築を目指す特別支援教育

中教審答申第8章5「教育課程全体を通じたインクルーシブ教育システムの構築を目指す特別支援教育」には、今後の特別支援教育の基本的な方向性が述べられている。

2012年、中央教育審議会「共生社会の形成に向けたインクルーシブ教育システム構築のための特別支援教育の推進（報告）」（以下、報告）によって、特別支援教育を推進し、インクルーシブ教育システムの構築を目指すことが示され、新学習指導要領にはこの基本方針が反映している。

インクルーシブ教育システムとは、「包容する教育制度」と邦訳される。インクルーシブ教育とは、一般的には障害の有無にかかわらず多様な子供たちが同じ場で学ぶ教育を指す言葉であるが、国や制度によって"包容"のレベルは様々である。

中教審答申では、「障害者の権利に関する条約に掲げられたインクルーシブ教育システムの構築を目指し、子供たちの自立と社会参加を一層推進していくためには、通常の学級、通級による指導、特別支援学級、特別支援学校において、子供たちの十分な学びを確保し、一人一人の子供の障害の状態や発達の段階に応じた指導や支援を一層充実させていく」とされ、我が国では、既存の特別支援教育のリソースを生かし、それぞれの学校・学級種間で教育課程の連続性と学びの場の連続性を図りつつ、インクルーシブ教育システムの構築を進める、との趣旨が明らかにされている。

また、教育課程の運用においては、「通級による指導を受ける児童生徒及び特別支援学級に在籍する児童生徒については、一人一人の教育的ニーズに応じた指導や支援が組織的・継続的に行われるよう、『個別の教育支援計画』や『個別の指導計画』を全員作成することが適当である」とされ、特別支援学校で義務化されている個別の教育支援計画や個別の指導計画の作成を、小・中学校における特別支援教育対象児童生徒にも努力義務として求めている。

　個別の教育支援計画とは、「学校生活だけでなく家庭生活や地域での生活を含め、長期的な視点に立って幼児期から学校卒業まで一貫した支援を行うため、家庭や医療機関、福祉施設などの関係機関と連携し、様々な側面からの取組を示した計画」である。また、個別の指導計画とは、「個々の子供の障害の状態等に応じたきめ細かな指導を行うために、指導の目標や内容、配慮事項などを示した計画」である。

　さらに、中教審答申第８章５には、高等学校における通級による指導（2018年法制化予定）、障害者理解や交流及び共同学習、2020年のオリンピック・パラリンピックを契機とする「心のバリアフリー」について言及され、最後に、教育課程全体を通じた特別支援教育の充実を図るための具体的な取組みの方向性として別紙７を示している。

　別紙７の内容は、小・中学校学習指導要領と特別支援学校学習指導要領との関連がわかり易く記述され、小・中学校における特別支援学級や通級による指導の教育課程編成に当たって参考になる。特に、小・中学校学習指導要領にはない「自立活動」の領域との関連が図示され、学校・学級で編成される教育課程と個別の指導計画との関係も可視化されている。また、「各教科等における障害に応じた指導上の工夫について」が示され、困難さの状態、指導上の工夫の意図、手立てに分けて具体的な記述を求めていることに意味がある。従来は、児童生徒の実態に対する対応の視点のみであったものが、指導上の工夫の意図を示すことによっ

第9章
特別支援教育への新たな取組み

て、「なぜ学べないのか」という要因を考えることの重要性を示したことである。これは学習者側の要因だけでなく授業者側の要因についても検討することを示唆し、授業改善につながると考えられる。

インクルーシブ教育の理念と背景にある障害観

(1) 理念としてのインクルーシブ教育

　報告では、具体的な取組みの方向性として、早期からの一貫した支援、合理的配慮と基礎的環境整備、多様な学びの場の整備と学校間連携、特別支援教育に係る教員の専門性向上が提言された。

　今後、教育行政と福祉・労働等の分野が連携しながら早期からの一貫した支援を行う仕組みが充実し、国・都道府県・市町村による基礎的環境整備、それに基づく学校での合理的配慮が求められる。そして、新学習指導要領の実施とともに、学校・地域が連携して多様な学びの場の確保が行われ、教職員の専門性の向上が一層進み、一人一人の教育的ニーズに合った専門的な教育の提供が期待される。

　しかし、実際には、学校・家庭・地域の実態は様々であり、求められる支援システムも支援プログラムも一律ではない。

　例えば、早期からの教育相談や就学相談について考えてみよう。報告では、本人・保護者への十分な情報提供を行い、関係者が教育的ニーズと必要な支援について共通理解をもち、保護者の障害受容とその後の円滑な支援につなげる。また、本人・保護者と市町村教育委員会、学校等が教育的ニーズと必要な支援について合意形成を図ることが重要で、市町村教育委員会は保護者や専門家の協力を得つつ個別の教育支援計画を作成するとともに、適切に活用する、と記述されている。その一つ一つ

の経過にセンシティブな問題が含まれることが想像できる。つまり、現場では、その時々に応じて解決困難な難しい課題に直面することが予測される。そのため、学校関係者は、そもそもインクルーシブ教育とは何かという理念をしっかりと押さえておく必要がある。

報告では、「共生社会の形成に向けたインクルーシブ教育システム構築のための特別支援教育が着実に推進されることで、障害のある子どもにも、障害があることが周囲から認識されていないものの学習上又は生活上の困難のある子どもにも、更にはすべての子どもにとっても、良い効果をもたらすことを強く期待する」と謳われているが、その根拠は、次に述べる障害者の権利に関する条約にある。

(2) 障害者の権利に関する条約

障害者の権利に関する条約（障害者権利条約）は、2006年に国連総会で採択され2008年に発効し、我が国は2014年に批准した。この条約は、障害者の人権及び基本的自由の享有を確保し、障害者の固有の尊厳の尊重を促進することを目的とし、障害者の権利の実現のための措置等について定めている。

第24条教育には、障害者の権利を認め機会の均等を基礎として実現するため、以下のような取組みが求められた。

(a) 障害者が障害に基づいて一般的な教育制度から排除されないこと及び障害のある児童が障害に基づいて無償のかつ義務的な初等教育から又は中等教育から排除されないこと。
(b) 障害者が、他の者との平等を基礎として、自己の生活する地域社会において、障害者を包容し、質が高く、かつ、無償の初等教育を享受することができること及び中等教育を享受することがで

きること。
(c)　個人に必要とされる合理的配慮が提供されること。
(d)　障害者が、その効果的な教育を容易にするために必要な支援を一般的な教育制度の下で受けること。
(e)　学問的及び社会的な発達を最大にする環境において、完全な包容という目標に合致する効果的で個別化された支援措置がとられること。

　条約批准に向けた法整備が進み、2016年、すべての国民が、障害の有無によって分け隔てられることなく、相互に人格と個性を尊重し合いながら共生する社会の実現に向け、障害を理由とする差別の解消を推進することを目的とする「障害を理由とする差別の解消の推進に関する法律」(「障害者差別解消法」)が施行された。また、同年、改正発達障害者支援法が施行され、切れ目なく発達障害者の支援を行うこと、地域社会において他の人々と共生すること等が盛り込まれた。教育に関しては、発達障害児が、その年齢及び能力に応じ、かつ、その特性をふまえた十分な教育を受けられるようにするため、可能な限り発達障害児が発達障害児でない児童とともに教育を受けられるよう配慮することを規定するとともに、支援体制の整備として、個別の教育支援計画の作成等について規定された。小・中学校におけるインクルーシブ教育システムの構築を目指し特別支援教育を推進する際、このような法的根拠を理解しておく必要がある。

(3)　障害観の転換

　インクルーシブ教育の理念が提唱された背景には、障害のとらえ方に関する世界的な観の転換がある。

2001年WHO（世界保健機関）総会で採択された「国際生活機能分類」（ICF：International Classification of Functioning, Disability and Health）では、障害を個人の問題とする医学モデルと社会の問題とする社会モデルを統合し、人間の生活機能を「心身機能・身体構造」「活動」「参加」の3要素とし、これらに支障がある状態を「障害」ととらえる。また、障害の状況に影響する背景に環境因子（物的・人的・社会的環境）と個人因子（性別、人種、年齢、体力、ライフスタイル、習慣等）を想定する。ICFは、環境因子の観点を加えたことによって、例えば、バリアフリー等の環境を評価できるよう構成され、このような考え方は、障害者はもとより、全ての保健・医療・福祉サービス、社会システムや技術の在り方の方向性を示唆しているとされる（厚生労働省、2002）。

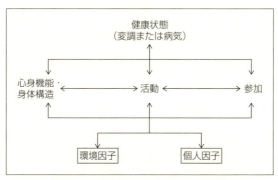

「国際生活機能分類—国際障害分類改訂版—」（日本語版）
　　　　　　　　　　（出典）厚生労働省HP

第9章
特別支援教育への新たな取組み

 インクルーシブ教育時代の小・中学校における特別支援教育

(1) 特別支援教育の現状

2007年、改正学校教育法の施行により特別支援教育が制度化された。障害の種類や程度によって教育の場が分けられる従来の特殊教育から、一人一人の教育的ニーズに応じて適切な指導及び必要支援を行う特別支援教育へ、転換した。これにより、発達障害を含む多様な幼児児童生徒が特別支援教育の対象とされ、小・中学校の状況は大きく変わることとなった。

2012年、特別支援教育の開始から5年が経過し、その実施状況について把握すること、障害者の権利に関する条約に基づくインクルーシブ教育システムの構築に当たり障害のある子供の現在の状況を把握すること、を目的とする全国調査「通常の学級に在籍する発達障害の可能性のある特別な教育的支援を必要とする児童生徒に関する調査」が行われた。その結果、学習面または行動面で著しい困難を示す児童生徒の割合は6.5%とされた。ちなみに、学習面に著しい困難を示す児童生徒は4.5%、行動面は3.6%であった。この結果は2002年の全国調査の結果(6.3%)と差が無く、知的発達に遅れはないものの発達障害の可能性のある特別な教育的支援を必要とする児童生徒が通常の学級に在籍する実態を示した。

その後、幼児児童生徒の全体数が減少する中で、特別支援教育の対象は顕著な増加を示している。

平成27年度教育統計(文部科学省、2016)によれば、義務教育段階の全

児童生徒数1,009万人に対し、特別支援学級在籍児童生徒数は約20万1千人(2.00％)、通常の学級に在籍し通級による指導を利用する児童生徒は約9万人(0.89％)である。なかでも通級による指導を利用する児童生徒数の増加は著しく、過去3年間で15.9％(平成25年度77,882人、平成26年度83,750人、平成27年度90,270人)増加している。内訳は、前年度比で、言語障害962人増、自閉症849人増、情緒障害1,228人増、LD(学習障害)1,182人増、ADHD(注意欠陥多動性障害)2,396人増となっている(文部科学省、2016)。

(2) 専門性の向上と授業改善

　新学習指導要領では、社会に開かれた教育課程の理念から2030年の社会を見据え、子供たちに育成を目指す資質・能力を明らかにし、教育課程の構造的な改善や授業の質の向上、子供たちの主体的・対話的で深い学びを保障することが謳われている。インクルーシブ教育時代の特別支援教育にも、正にこのことが求められている。

　小・中学校における特別支援教育は、子供たちの自立と社会参加を目指し、義務教育以降のライフスタイルを念頭に置き、それぞれのライフステージにおいて育成すべき資質・能力を明確にする必要がある。

　新学習指導要領の総則には、特別な配慮を必要とする児童（生徒）への指導について、特別支援学校等の助言又は援助を活用しつつ、個々の児童（生徒）の障害と状態等に応じた指導内容や指導方法の工夫を組織的かつ計画的に行う、としている。これは、地域の特別支援学校の支援センター機能を活用し、校内委員会等の組織化と特別支援教育コーディネーターを中心とするとチーム支援体制を整え、個別の指導計画の作成とそれに基づく教育課程の柔軟な運用を行い、授業改善を図り効果的な指導・支援を保障すること、と読み取ることができる。

第9章
特別支援教育への新たな取組み

ところが、特別支援教育に関する教員の専門性は必ずしも高いとはいえない状況がある。例えば特別支援学校教員の特別支援学校教諭等免許状の所持率は72.7％にとどまり、文部科学省は、2020年度までにおおむね100％に引き上げ、さらに、小・中学校の特別支援学級や通級による指導の担当教員に対しても現状の２倍程度にすることを示唆している（文部科学省、2015）。また、教員養成においても、「特別の支援を必要とする幼児、児童及び生徒に対する理解」１単位以上の取得が必修化される（同上）。このように養成、採用、研修の各段階で教員の資質能力の向上が進められるようとしているが、学校現場におけるOJTと教員自身の主体的な取組みが何よりも望まれる。

(3) 個別の指導計画

例えば、校内委員会でのケース会議を研修の場として活用することもできる。特別支援学校のセンター的機能とともに、地域のネットワークを活用し、専門家に参加を要請し、チーム学校として、様々な角度から検討するということである。

発達障害がある場合、認知的な偏り（得意・不得意）や歪み（発達の特異性）があり一般的な指導法では効果が得られないことが多く、認知的な特性をとらえる必要がある。教育センターや療育センター等の心理の専門家の協力が得られれば、効果的な指導につながる情報を得ることができる。心理検査は全体的な知的レベルを測定するだけでなく、言語理解、知覚推理、ワーキングメモリー、処理速度、といった個人内の能力のプロフィールも示すことができる。また、情報の入力、処理、出力のプロセスで、どのようなモダリティ（視覚、聴覚等の感覚様式）が得意あるいは不得意なのか、示す検査もある。その結果から、得意な認知様式を生かした指導法を考案できれば、その子供にとって、授業はわか

り易く楽しいものに生まれ変わる。ユニバーサルデザインという言葉が多用されるが、本質的には、一人一人の認知様式や思考回路に合わせた授業をどのように組み立てるか、という点にかかっている。

　ある学校では、興味深い個別の指導計画の作成が進められていた。まず、特別支援教育コーディネーターを中心に校内で議論し、学習・行動上の困難とその解決法を洗い出す。次に、エクセルのプルダウン機能を活用しリストアップする。こうしておけば、学級担任が個別の指導計画を作成する際、リストの中からこれと思う解決法を選択することができ、個別の指導計画の作成に慣れていない教員も取り組み易くなる。

(4)　自立活動

　小・中学校学習指導要領には、特別支援学級や通級による指導で特別の教育課程を作成する場合、特別支援学校小学部・中学部学習指導要領第7章に示す自立活動を取り入れる、あるいは、参考にし、具体的な指導・支援の方向性について考える、とされている。

　自立活動は「個々の児童又は生徒が自立を目指し、障害による学習又は生活上の困難を主体的に改善・克服するために必要な知識、技能、態度及び習慣を養い、もって心身の調和的発達の基盤を培う」ことを目標とし、内容として、①健康の保持、②心理的な安定、③人間関係の形成、④環境の把握、⑤身体の動き、⑥コミュニケーション、の6領域がある。

　自立活動の内容を吟味することによって、小・中学校における特別支援教育の支援体制づくりや、求められる合理的配慮を考えるうえでのヒントが得られる。多くの項目は、既に特別支援学級や通級による指導の場で学習・生活場面に取り入れられているものの、通常の学級においてはあまり知られていないかもしれない。是非参考として読むことをお勧

めする。

　しかし、重要なことは、「(このようなときは) このように対応すればよい」というノウハウを発見することではなく、「(児童生徒が) なぜこのような行動を示すのか」という要因を「探し出す材料」を見つけることである。現行の特別支援学校学習指導要領解説「自立活動編」(文部科学省、2009) の中から、発達障害に関連する事項の一部を参考までにピックアップする(表現一部改変)。(　)内の番号は上記の項目を指す。

【ADHD】
・自分の行動を注意されたときに反発して興奮を静められなくなることがある。このような場合は、自分を落ち着かせることができる場所に移動してその興奮を静めることや、いったんその場を離れて深呼吸するなどの方法があることを教え、実際に行うことができるよう指導する。(②)
・過去の失敗経験等により、二次的に自信をなくしたり情緒が不安定になりやすかったりする場合は、自分のよさに気付くようにしたり、自信がもてるよう励ましたりして、活動への意欲を促すよう指導する。(②)

【自閉症】
・予告なしに行われる避難訓練や急な予定変更などに対応できず、混乱や不安が生じどのように行動したらよいか分からなくなることがある。予想される事態や状況を予告したり、事前に体験できる機会を設定したりすることなどが必要である。(②)
・他者との関わりをもつ方法が身についていない場合、直接的に指導する教師を決め、安定した関係を形成することが大切である。やりとりの方法を大きく変えずに繰り返し指導し、そのやりとりの方法が定着するようにし、相互に関わり合う素地を作る。その後やりとりの方法

を少しずつ増やしていく。(③)

【LD】
・計算の仕方などを覚えることが他の人と比較して時間がかかることを自分自身の努力不足によるものと思い込んでいる場合がある。このような場合には、自分の得意な面と不得意な面を知り、得意な面を活用することで、困難を克服することができるという体験をすることが大切。(②)
・認知面において不得意なことがある一方得意な方法をもっていることも多い。聴覚からの情報は理解しにくくても、視覚からの理解は優れている場合がある。一人一人の認知の特性に応じた指導方法を工夫し、不得意な課題を改善するとともに、得意な方法を積極的に活用する。(④)

【参考文献】
◦ 中央教育審議会「幼稚園、小学校、中学校、高等学校及び特別支援学校の学習指導要領等の改善及び必要な方策等について（答申）」2016年
◦ 文部科学省「小・中学校におけるLD（学習障害）、ADHD（注意欠陥／多動性障害）、高機能自閉症の児童生徒への教育支援体制の整備のためのガイドライン（試案）」2004年
http://www.mext.go.jp/a_menu/shotou/tokubetu/material/1298152.htm
◦ 中央教育審議会「共生社会の形成に向けたインクルーシブ教育システム構築のための特別支援教育の推進（報告）」2012年
◦ 外務省「障害者の権利に関する条約」2014年
http://www.mofa.go.jp/mofaj/fp/hr_ha/page22_000899.html
◦ 厚生労働省「国際生活機能分類—国際障害分類改訂版—」2002年
http://www.mhlw.go.jp/houdou/2002/08/h0805-1.html
◦ 文部科学省「特別支援教育の対象の概念図（義務教育段階）」2016年
http://www.mext.go.jp/a_menu/shotou/tokubetu/__icsFiles/afieldfile/2017/02/21/1236746_01.pdf
◦ 文部科学省「平成28年度通級による指導実施状況調査結果について」2016年

http://www.mext.go.jp/a_menu/shotou/tokubetu/material/__icsFiles/afieldfile/2017/04/07/1383567_03.pdf
◦ 中央教育審議会「これからの学校教育を担う教員の資質能力の向上について―学び合い、高め合う教員養成コミュニティの構築に向けて―（答申）」2015年
◦ 文部科学省「特別支援学校学習指導要領解説　自立活動編（幼稚部・小学部・中学部・高等部）」2009年

第10章
メッセージ：新たな学校づくりに向けて

公益財団法人全国修学旅行研究協会理事長
元全日本中学校長会会長
岩瀬正司

京都光華女子大学副学長
こども教育学部長
若井彌一

メッセージ：新たな学校づくりに向けて I

学校は楽校
——教師も子供も楽しみな場——

公益財団法人全国修学旅行研究協会理事長
元全日本中学校長会会長
岩　瀬　正　司

 新たな学校づくりの視点
——これまでの我が国の学校教育の実践や蓄積を生かして——

(1) 学校・教師の本音

　今回の学習指導要領の改訂に当たっては、本巻の標題である「社会に開かれた教育課程」をはじめ、「カリキュラム・マネジメント」「主体的・対話的で深い学び」「アクティブ・ラーニング」等々、文部科学省発のキーワードが、次々と並べられた。
　さらに、教育内容の主な改善事項・重要事項として、主権者教育、消費者教育、防災・安全教育、プログラミング教育等々が挙げられている。
　今、この〇〇教育と呼ばれるものが学校現場に氾濫している。社会的に大きな問題が起こると、その対応のために学校に〇〇教育と称されるものが持ち込まれる。本来は児童生徒の健全育成を願って善意から来たものであるが、受け止める学校・教師にとっては、通常の教育課程以外の〇〇教育の氾濫は大きな負担である。

第10章
メッセージ：新たな学校づくりに向けて

　今回の改訂により、「さらに学校・教師の多忙化が進む」「１ℓの容器に２ℓも３ℓも水を入れようとしている」「改訂の理念は分かる、しかし実行する際の人的・物的・経済的・時間的補償はあるのか」、という危惧や不安の声が、学校現場から聞こえてくる。

(2) 「改訂のポイント」によれば

　このような学校現場からの声に対して、文部科学省の「幼稚園教育要領、小・中学校学習指導要領等の改訂のポイント」は以下のようにその懸念の払拭に努めている。
　「これまでの我が国の学校教育の実践や蓄積を活かし…」
　「現行学習指導要領の枠組みや教育内容を維持した上で…」
　「これまでの教育実践の蓄積に基づく授業改善の活性化により…」
として、全く新しい試みをするのではなく、
　「小・中学校においては、これまでと全く異なる指導方法を導入しなければならないと浮足立つ必要はなく、…」
と説明し、学習指導要領の継続性を念頭に、我が国の近代教育・学校教育の成果の上に立脚した新たな学校づくりを求めている。このことは今までの学校教育に自信をもち、さらに今日的課題に応え、未来を展望したこれまでの成果の上に立った学校づくりをしていく、ということに他ならない。いたずらに不安や懐疑心をもつことなく、自己の教育信念、教育者としての矜持、そして豊かな経験を生かして新たな学校づくりにあたっていくことが求められているのである。

教育は一瞬にして永遠
　　──眼前の課題解決と新しい学校像を目指して──

(1)　変えるものと変えてはいけないもの

　何時の時代にあっても、世の中には変えなければいけないものと、変えてはいけないものがある。教育の世界でいえば、教育の内容や方法は今日的課題に即して進歩発展すべきであろう。しかし、教育の本質である、人格の完成を目指し、そのために教師と児童生徒との人間的ふれあいを基本とする姿勢は、不動のものである。

　眼前の児童生徒をどうするか、未来のこの児童生徒たちをどうするか、という一瞬と永遠の両課題に正対し、解決していくのが教育の本質である。学習指導要領も、まさしく、現在の児童生徒、これからの児童生徒、この両者を視野に入れて改訂作業が進められたのである。このような視点に立てば、学習指導要領が大きく変わろうが今までの教育実践を基盤として、自信をもって前に進めるはずである。

(2)　身の丈に合った学校づくりを

　学校・教師の多忙さについては、様々な調査で明らかになっている。最近の文部科学省の「教員勤務実態調査」では、10年前の調査に比べてもますます勤務時間が長時間化され、中学校教員の6割が過労死ラインにまで来ているという実態が改めて示されている。

　学校・教師の仕事が「多忙」であることは当然であり、またそれを誇りに思うこともある。しかしそれが出口の見えない「多忙感」となって

いるところに現在の学校教育上の大きな課題がある。その抜本的な解決策は教職員定数増に尽きる。毎年文部科学省は教職員の定数増を目指して努力しているが、財政上（財務省）の厚い壁に阻まれて実現しない。そこで、学校に教員以外の人的配置をして業務改善をしようとしているのが「チーム学校」という考え方である。しかしこれだけでは根本的な解決にならない。

　教職員の定数増が実現すれば、現在の教育問題の大半は解決する。しかし、現在の陣容でこれからの新たな学校づくりをするためには、身の丈に合った学校づくりを心掛けるしかない。無理・無茶で性急な学校づくりは必ずどこかに負担がしわ寄せされ、学校そのものが破たんする。学校を取り巻く限られた人的・物的・経済的な環境を精査し、新たな学校づくりの青写真を描き、それを実現していくことが管理職の醍醐味でもある。さらに、教職員定数増は学校・教師の力だけで実現できるものではない。幸か不幸か学校・教師は超多忙であるという実態は広汎に認知されているので、保護者・地域を巻き込んで行政を動かす力にまでもっていきたい。

❸ 新たな学校づくりへの提言
――当たり前のことを当たり前のように――

(1) チョークとトークの授業からの脱却――授業改善を――

　今回の改訂で「何を学ぶか」という視点から「どのように学ぶか」を全面的に出したことは画期的である。その際「アクティブ・ラーニング」という用語が独り歩きしてしまったが、「主体的・対話的で深い学び」の視点からの学習過程の改善は、まさに「チョークとトークの授業」か

らの脱却を求めているといえる。講義形式の教師主導の一斉授業は、知識の伝達としては効果もあり、全面否定するものではない。しかし、生きて働く「知識・技能」の習得、未知の状況にも対応できる「思考力・判断力・表現力」の育成、学びを人生や社会に生かそうとする「学びに向かう力・人間性」の涵養という、新しい時代に必要となる資質・能力の育成には不都合が多い。

　児童生徒が学校生活の中で大半の時間を過ごし、学校教育の核である授業の改善こそが、新たな学校づくりの中心となるものである。教育改革は教師改革であり、その教師の生命である授業を改善することが新たな学校づくりへの基盤となる。

(2)　「3年B組金八先生」は御役御免──チーム学校へ──

　日本で一番有名で人気のある中学校教師、それが「3年B組金八先生」である。あらゆる難題を見事に解決し、生徒はもちろん、保護者や地域社会からも絶大の信頼を得ているスーパー・カリスマ教師、それが金八先生である。

　しかし、金八先生は、国語の授業と、学級活動と、生活指導、この3つしかやってはいない。部活動の顧問は、校務分掌は、行事の時の係は、研修は…、等々いったいどうしているのだろう。金八先生は、確かに国語の授業と、学級活動と、生活指導に関しては並はずれた能力の持ち主であるが、学校にはそれ以外のことがたくさんある。今どきの学校では一人の教師がすべてを背負い込み、解決する仕組みにはなっていない。いじめや不登校問題への対処のように、教師一人一人の個性・資質・能力を生かしつつ、教師以外の関係者の協力・連携も得て、学年・学校全体で取り組む姿勢が必須である。

　金八先生は御役御免である。校長のリーダーシップのもと、「チーム

学校」が求められているのである。

　しかし、授業と学級活動と生活指導だけやっていれば良かった昭和の学校が懐かしい、という声もある…。

(3)　満点よりも合格点でよい——校務改善の工夫——

　かつては、学校・家庭・地域社会という児童生徒たちを取り巻く教育環境には、それぞれに役割分担があった。しかし、いつの間にかその境界線が崩れ、さらに家庭・地域社会の教育力が低下し、すべてのことが学校に持ち込まれてしまっている。前述の○○教育の氾濫である。これが学校・教師の「多忙感」の大きな要因となっている。

　また、情報機器の発達や情報社会の進展は事務量の軽減よりもその増大の傾向をもたらしている。多忙化の要因除去のための実態調査が、また多忙化を招いている、という自己矛盾の悪循環にも陥っている。特に、最前線で孤軍奮闘している教頭・副校長先生方の心身の疲労は、如何ばかりかと思ってしまう。

　教師は真面目である。何事も正面から受け止める。それは教育者としての大切な資質でもある。しかしこのことは児童生徒や保護者にとっては好ましいが、教育活動以外の校務をもっと気楽に考えるべきである。つまり、教育活動以外の校務遂行に満点を求める必要はなく、合格点でよいのである。完璧を求めるのではなく、校務に支障さえ出なければそれでよいのである。教育に関わる仕事は際限がない。どこで見極めをつけるかということも大切である。

　「断捨離」という言葉が流行したが、それは校務にも当てはまる。「明日できる仕事は今日やるな」くらいの気持ちで日々を過ごしたい。

(4) 勝つ必要はない、負けなければよい
　　――対外・対人折衝の要諦――

　学校・教師が直面する課題の一つに、対外・対人折衝の困難さがある。行政・教育委員会、地域社会・住民そして保護者から、毎日様々な課題・要望が寄せられる。これらの中には、どう考えても理不尽な苦情・批判も時としてある。
　これらの声は、言葉を変えた学校・教師への期待と考えるべきである。そして、その対応で心しなければならないことは、こちらに非がある場合には全面敗北も必要であるが、相手側に非がある場合でも、目先の全面勝利ではなく、相手の自尊心を傷つけることなく、今後の好ましい関係へとつなげていくことである。喫緊の課題解決を図りながらも今後の関係をどうするか、という視点が大切である。
　人の「頭で理解」し「心で納得」してからの行動は強靭である。そのような「理と情」のバランスの取れた対外・対人関係を構築して、新たな学校づくりを万全にしたいものである。

第10章
メッセージ：新たな学校づくりに向けて

《参考》 学校に期待される○○教育の氾濫

　安全教育（以下、教育を―で示す）、愛校心―、愛国心―、いじめ防止―、命の―、異文化理解―、英才―、栄養―、温暖化防止―、介護―、海洋―、科学―、環境―、家族・家庭―、鑑賞―、がん―、起業―、郷土・ふるさと―、金銭・金融―、教養―、帰国児童生徒―、危機管理―、給食―、共生―、矯正―、経済―、敬語―、敬老―、芸術―、健康―、健全育成―、言語―、憲法―、公害防止―、公共心―、国際・国際理解―、交通安全―、交流―、公衆衛生・道徳―、公―、公民―、国民―、国防―、護憲―、心の―、志―、個人―、個性尊重―、国歌・国旗―、五輪―、差別防止―、産業―、視聴覚―、資格―、資源―、思春期―、自然・社会体験―、消費者―、自然保護―、障がい者・発達障がい理解―、宗教―、地震・震災―、商業―、情報・情報モラル―、主権者―、人倫―、市民―、思想―、司法―、集団・小集団―、就職・就労・職業―、受験―、遵法・順法―、食―、自立・自律―、人格―、人権―、紳士―、人道―、新聞―、神話―、性―、税・税金・納税―、政治―、青年・成人―、接続―、著作権―、適応―、貞操・純潔―、伝統文化―、登下校―、動物愛護―、統計―、同和―、読書―、特別支援―、（都道府）県民―、日本語―、人間―、年金―、農業―、平和―、歯の健康―、避妊―、非行防止―、福祉―、法―、放射線―、北方領土―、保健衛生―、保険―、防災―、民主―、民族―、薬物乱用防止―、有権者―、良妻賢母―、礼儀作法―、歴史認識―、など。更にカタカナ語として、インクルーシブ教育、エコ教育、エネルギー教育、エリート教育、オリンピック・パラリンピック(オリパラ)教育、キャリア教育、グローバル教育、マナー教育、パソコン教育、プログラミング教育、モラル教育、リーダー教育、リサイクル教育、ユネスコ・ESD（持続可能な開発のための）教育、IT・ICT教育、NIE教育、など。

（出典）岩瀬正司「校長講話」『週刊教育資料』1404号、教育公論社、2016年

メッセージ：新たな学校づくりに向けてⅡ

和気藹々と本気根気で学校を創る

京都光華女子大学副学長
こども教育学部長
若　井　彌　一

❶ 各学校で　生きる力の　人間づくり　知恵繋げ

　平成29年3月31日付けで、幼稚園教育要領、小学校学習指導要領、中学校学習指導要領が公布された。省内の何人の職員が今回の改訂版の編集に携わってきたのか把握できていないけれども、これら三つの「要領」を公表（公刊）できたことは、作業の一つの区切りとして大きな充実感を味わわれたことであろう。職務とはいえ、ここまで来るには幾つかの峠越えもあったことと思われる。御苦労に敬意を表したい。
　告示から2か月余が経過したが、これまでに大きな問題点の指摘は見られない。先ずは、無難なスタートと評してよかろうか。もっとも、このように、特段のマイナス事項の指摘が無いからと、それだけで学習指導要領の改訂は肯定的に評価されてよいと結論づけるわけにはいかない。試されているのは数段高い次元の内容である。
　学習指導要領の改訂という作業課題は、無論学校現場の教育活動には小さからぬ影響を与える。けれども、改訂された「要領」がどれだけ意味のある効果的な使われ方をされるかは、学校現場の「教育をつかさどる」立場にある先生方によってどれだけ積極的に活用されるかにかかっ

ている。そして新たに調査をして検証するまでもなく、教諭である先生方がどれほどの積極性をもって学習指導要領を活用（使用）するかについては、各学校の教職員の中で、リーダー的な立場にある校長、副校長、教頭、主幹教諭等がどれだけリーダーシップ（指導力）を発揮できる専門的力量を有しているかにかかっている。

　校長、副校長、教頭、主幹教諭等の意欲と見識がすべてではないとしても、各学校のカリキュラム改革の質的水準を相当に左右してしまう。一日一日の研究・研修の分量は小さいように思われるものの、これらの方々が日々の努力を確実に継続することの大切さを強調しておきたい。

　校長、副校長、教頭、主幹教諭等が個々に教育課程に関する研修を積んでいれば理想的ではあるが、教科等に関する専門的事項であっても、教職等に関する専門的事項であっても、各人がバランスよく積み重ねてきている事柄についてはお互いに敬意を払って各学校の教育課程の編成と実施に向けて「各学校の総合力アップ」を目指し、適材適所というよりも適材育成の観点から、長期的な展望をもって弾力的な人材活用をしていきたいものである。

❷ 生きる力の取組多様　花もとりどり　それがいい

　学習指導要領の全部改訂は、それ自体がとてつもなく大きな創造的労力を改訂作業に携わる人々に要求する。だが、改訂版の完成は、改革の終わりではなく始まりに過ぎない。

　ここで、振り返っておきたい。「生きる力の育成」が、これからの学校教育における最重要課題として高唱されだしたのは平成8年7月19日の中央教育審議会の「21世紀を展望した我が国の教育の在り方について」と題する第一次答申においてであった。「生きる力」がキーワードとし

て位置付けられていることに、余りにも平凡な表現であるために、このような表現で、子供たちははたして生きる意欲をもち、自主的・自発的な学習に専念するようになるであろうかという素朴な疑念を抱かざるを得なかった。しかし、この答申が出された前年(平成7年)1月17日には、阪神淡路大震災が発生しており、あるいは、「生きる力」についてあれこれの解説を繰り返さなくても、児童・生徒達は素直に明日に向かって生きる努力を重ねてくれるかも知れないと願っていた。あれから20年余が経過した。「生きる力」は高等学校の次期学習指導要領においても、別の標語にバトンタッチされることなく、生き続けることが確実と思われる。幸いにして、「生きる力」はいわゆる「全人的な力」であるとイメージされるものであり（前掲・中教審第一次答申参照）、すべての国民が生涯にわたり学び続ける姿とも十分な整合性がある。教育基本法第1条で掲げられている「人格の完成を目指し」が示す人間（教育）像とも一脈通じているところがある。

　もっとも、そうはいっても実践的課題が無いわけではない。「生きる力」の指導は、教育の現場である幼・小・中・高等学校等における教育活動の効果・成果として、児童・生徒等の一人一人が自覚をもって、意欲的に学ぶという習慣的行為として定着するまでに徹底してきたであろうか。「生きる力」についての学校教育関係者（行政も含めて）の共通理解が必ずしも十分でないという中教審の報告文書における指摘に、「生きる力」をスローガンとする教育改革の取組みの不十分な現状を感じ取っていた方々も少なからずおられたはずである。取組みを一段と進めるためには、全国の各学校が「生きる力の涵養」または育成について「我が校としての具体的実践的課題」として標語化し、それが全国津々浦々の学校で年間を通じて達成目標に迫るようにしていきたいものである。

　ここから先は、基本的に「各学校の検討・実施課題」である。他校も

やるが、自校も取り組まなければならない具体的課題なのである。

　小学校学習指導要領の「総則」の冒頭部分では、「各学校においては〔中略〕適切な教育課程を編成するものとし、これらに掲げる目標を達成するよう教育を行うものとする」というように、各学校が教育課程の編成責任を担っていることと、編成された教育課程に基づいて各学校の掲げる教育目標の達成任務を明示している。「生きる力」の涵養または育成を抽象的レベルにとどめることなく、各学校の具体的取組課題として標語化し実践していく「学びの実感を大切にする取組み」に力を注ぎたい。

❸ 社会の明日(あす)を　学び・考え　地域をおこし世界の和

　全部改訂の幼稚園教育要領、小学校学習指導要領、中学校学習指導要領では、以上に述べてきたところから明らかなように、依然として、「生きる力」の涵養または育成がキーワードとなっている。そして今次の改訂に関しては、もう一つのキーワードとして、「社会に開かれた教育課程」の意味をよく理解し、「カリキュラム・マネジメント」に適切な留意を払いつつ、全校的な広まりの中で取組みを効果的に進めていくことが期待されている。

　「社会に開かれた教育課程」という標語を目にして、あるいは、「何をいまさら社会に開かれた教育課程だ」「最近の学校は、家庭だ、地域だといって、余計な連携活動に時間をとられ過ぎなのではないか。もっと落ち着いて、児童・生徒に読書をうながしたり、静かに思索を広めたり深めたりすることに力を注ぐことが必要なのではないか？」と疑問と反発を感じている方々もおられるのではないかと予想される。しかし、教

育基本法第13条の「学校、家庭及び地域住民その他の関係者は、教育におけるそれぞれの役割と責任を自覚するとともに、相互の連携及び協力に努めるものとする」という1か条が新設されるには、それまでの経緯において学校と家庭と地域住民等の相互連携・協力の必要性を強く感じさせる数々の出来事が全国各地で発生していた。換言すると学校の中で発生することが、学校の中だけでは解決できない場合が数多く発生するようになってきたということである。いわゆる「生徒指導」に類する諸問題は、多分にその傾向性を内包している。ただ誤解のないように断っておきたい。学校と家庭、地域住民等との連携・協力については、マイナス事象が発生した際の事後処理だけではなく、プラス事象の積極的な開発・発展を活性化するという観点からも急速に広まりを見せている。特に、大学レベル（大学院を含む）、高等学校レベルでの取組事例の増加が注目される。

「いじめ」に代表される生徒指導のイメージ転換

今回（今次）の教育要領改訂、学習指導要領の改訂は、内容的に実に盛り沢山の実践的取組課題を抱えている。小学校英語の新設、道徳の特別教科化だけが注目されていればよい訳ではない。生徒指導の取扱いは学習指導要領の改訂ではどちらかといえば小さな扱いであるのだが、それにしてもやはり程度問題である。

「いじめ問題」で何よりも深刻だと思うのは、児童・生徒の自殺事件続発である。詳細な事例を述べるのは、本書の出版趣旨に照らして相応しくないと思われるので、省略する。ただ、これだけは強調しておかなくてはならない。それは、いじめ防止対策推進法（平成25年6月28日公布、法律第71号）が制定・施行されてからもう4年近くが経過しようと

しているのだが、効果らしきうわさ話すら耳にしないという状況であり、児童・生徒が生命を絶ってしまう事例が続発して止まらない（止められないというべきか）。このような問題発生状況を背景として、平成28年3月11日付けで文科省初等中等教育局長名による「不登校重大事態に係る調査の指針について」と題する通知が出されている。重要な通知であり、活用が期待される。

　同法では附則第2条で、「いじめの防止等のための対策については、この法律の施行後三年を目途として、この法律の施行状況等を勘案し、検討が加えられ、必要があると認められるときは、その結果に基づいて必要な措置が講ぜられるものとする」（第1項）と定めているけれども、どのような検討がされていくのか見守りたい。同法に先行して制定・施行された児童虐待の防止等に関する法律（平成12年5月24日公布、法律第82号）の場合のように、制定効果に疑問が投げかけられながら、時間的経過の間に、次々と被害者児童の数が拡大していくということにならないように、効果的な具体的方策を展開することが必要と思われる。

　これまで、生徒指導については、「生徒指導機能論」が多数説の位置を保ってきていると判断される。生徒指導は学校における全教育活動を通して展開されるものであるとするこの論は、各学校の極めて弾力的な取組みを容易にするという一面を有する。そして、多くの小・中学校、高等学校、特別支援学校等における生徒指導主事等の並々ならぬ努力によって、それぞれの学校で、それぞれの学校の人的・物的資源に見合った生徒指導体制が整備されて教育活動が展開されてきた。しかし、学校の教育活動全体を通じて、機能的に展開されるという説明に運用上の利益（メリット）はあるにしても、現行のままでは、各学校の取組みにあまりにも大きな違いがあることを肯定せざるを得ないであろう。各学校がそれぞれに無理のない教育活動ができるというメリットを有することを評価しつつも、最低限の取組みや、緊急性のある取組みについては遅

滞なく「生徒指導の活動」として実践できるようにしてやることが全国的な条件整備として必要かと思われる。

　生徒指導を消極的生徒指導と積極的生徒指導とに区分して、どちらの取組みが重要と問えば（問われれば）、恐らく回答は積極的生徒指導であろう。それでは、理想とされる生徒指導に近いレベルの生徒指導を形式論や手続き論のレベルではなく、内容論の観点からしても実践できている学校はと問われれば、自信をもって「実践できている」と回答できる学校は、どれくらい存在するのであろうか。教育要領、学習指導要領の全面改訂の機会をとらえて、思い切った生徒指導の改革にも一歩を踏み出せないものか。これは各学校の自主的・自発的取組みを一層活発にするという趣旨での提案であるので、その点を御理解のうえ、各学校の生徒指導の充実・高度化の参考にしていただけるならば幸甚である。

　各学校で積極的生徒指導を展開していくうえで、『生徒指導提要』（文部科学省編、平成22年）、『現代生徒指導論』（日本生徒指導学会編著、学事出版、平成27年）は、ともに生きたガイドブックとしての役割を担ってくれるものと思われる。僭越ながら、紹介をしておきたい。

●資 料

幼稚園、小学校、中学校、高等学校及び特別支援学校の学習指導要領等の
改善及び必要な方策等について（答申）〔抜粋〕
平成28年12月21日
中央教育審議会

第1部　学習指導要領等改訂の基本的な方向性

第1章　これまでの学習指導要領等改訂の経緯と子供たちの現状

（前回改訂までの経緯）
○　学習指導要領等は、教育基本法に定められた教育の目的等の実現を図るため、学校教育法に基づき国が定める教育課程の基準であり、教育の目標や指導すべき内容等を示すものである。各学校においては、学習指導要領等に基づき、その記述のより具体的な意味などについて説明した教科等別の解説も踏まえつつ、地域の実情や子供の姿に即して教育課程が編成され、年間指導計画や授業ごとの学習指導案等が作成され、実施されている。
○　このように、各学校が編成する教育課程や、教員の創意工夫に支えられた個々の授業を通じて、あるいは、教科書をはじめとする教材を通じて、学習指導要領等の理念は具体化され、子供たちの学びを支える役割を果たしている。
○　これまで学習指導要領等は、時代の変化や子供たちの状況、社会の要請等を踏まえ、おおよそ10年ごとに、数次にわたり改訂されてきた。例えば、我が国が工業化という共通の社会的目標に向けて、教育を含めた様々な社会システムを構想し構築していくことが求められる中で行われた昭和33年の改訂、また、高度経済成長が終焉を迎える中で個性重視のもと「新しい学力観」を打ち出した平成元年の改訂など、時代や社会の変化とともに、学習指導要領等の改訂も重ねられてきた。
○　そこでは常に、学校内外の様々な立場の関係者との幅広い対話を通じて、時代の変化や社会の要請などを踏まえながら、将来への展望を描いてきた。このよう

な将来展望とともに、その時点での成果と課題の検証を踏まえながら、未来に向けてふさわしい学校教育の在り方を構築するという作業の積み重ねの上に、学習指導要領等は築かれてきたと言えよう。

○ 改訂に向けた議論においては、教育内容や授業時数の量的な在り方も常に焦点の一つとなってきたところである。教育内容の一層の向上を図った昭和43年の改訂において、学習指導要領等の内容や授業時数は量的にピークを迎えたが、これに対し、学校教育が知識の伝達に偏りつつあるのではないかとの指摘がなされるようになった。その後の改訂では、子供たちがゆとりの中で繰り返し学習したり、自分の興味・関心等に応じた学習にじっくり取り組んだりすること等を目指した平成10年の改訂まで、教育内容の精選・厳選と授業時数の削減が図られてきた。

○ 教育行政がこのような量的軽減を目指す方向性を打ち出す中、時代は21世紀となり、新しい知識・情報・技術が社会のあらゆる領域で重要性を増す、いわゆる知識基盤社会を迎えることとなった。こうした社会を生きていく子供たちには、知識を質・量両面にわたって身に付けていくことの重要性が高まる一方で、平成10年の改訂を受けた指導については、子供の自主性を尊重する余り、教員が指導を躊躇する状況があったのではないか、小・中学校における教科の授業時数が、習得・活用・探究という学びの過程を実現するには十分ではなく、学力が十分に育成されていないのではないか、といった危機感が教育関係者や保護者の間に生じた。こうした危機感を受けて、学校においては、知識の量を確保していくための様々な工夫も展開された。

○ 平成15年の学習指導要領一部改正において、その基準性を明確にし、学習指導要領に示されていない内容も加えて指導することができることを明確にしたのも、子供たちの現状と未来を考え、知識を含め必要な力をバランス良く育もうとする、教職員の努力を後押しするものであった。こうした各学校の地道な工夫や努力が、平成20年の改訂に向けた基盤となっていった。

○ 平成20年に行われた前回の改訂は、教育基本法の改正により明確になった教育の目的や目標を踏まえ、知識基盤社会でますます重要になる子供たちの「生きる力」をバランス良く育んでいく観点から見直しが行われた。

○ 特に学力については、「ゆとり」か「詰め込み」かの二項対立を乗り越え、いわゆる学力の三要素、すなわち学校教育法第30条第2項に示された「基礎的な知識及び技能」、「これらを活用して課題を解決するために必要な思考力、判断力、

資　料

表現力その他の能力」及び「主体的に学習に取り組む態度」から構成される「確かな学力」のバランスのとれた育成が重視されることとなった。教育目標や内容が見直されるとともに、習得・活用・探究という学びの過程の中で、記録、要約、説明、論述、話合いといった言語活動や、他者、社会、自然・環境と直接的に関わる体験活動等を重視することとされたところであり、そのために必要な授業時数も確保されることとなった。

○　また、幼児教育についても、教育基本法の改正によりその基本的な考え方が明確にされ、義務教育及びその後の教育の基礎を培うものとして、学校教育の一翼を担ってきており、子供の主体性を大事にしつつ、一人一人に向き合い、総合的な指導が行われてきている。

（子供たちの現状と課題）

○　学習指導要領等は、こうした経緯で改善・充実が図られてきた。改訂に当たって議論の出発点となるのは、子供たちの現状や課題についての分析と、これから子供たちが活躍する将来についての見通しである。

○　子供たちの具体的な姿からは、どのような現状を読み取ることができるだろうか。学力については、国内外の学力調査の結果によれば近年改善傾向にあり、国際教育到達度評価学会（IEA）が平成27年に実施した国際数学・理科教育動向調査（TIMSS2015）においては、小学校、中学校ともに全ての教科において引き続き上位を維持しており、平均得点は有意に上昇している。また、経済協力開発機構（OECD）が平成27年に実施した生徒の学習到達度調査（PISA2015）においても、科学的リテラシー、読解力、数学的リテラシーの各分野において、国際的に見ると引き続き平均得点が高い上位グループに位置しており、調査の中心分野であった科学的リテラシーの能力について、平均得点は各能力ともに国際的に上位となっている。子供たちの学習時間については、増加傾向にあるとの調査結果もある。

○　また、「人の役に立ちたい」と考える子供の割合は増加傾向にあり、また、選挙権年齢が引き下げられてから初の選挙となった第24回参議院議員通常選挙における18歳の投票率は若年層の中では高い割合となり、選挙を通じて社会づくりに関わっていくことへの関心の高さをうかがわせた。こうした調査結果からは、学習への取組や人とのつながり、地域・社会との関わりを意識し、関わっていこうとする子供たちの姿が浮かび上がってくる。

○ 内閣府の調査によれば、子供たちの９割以上が学校生活を楽しいと感じ、保護者の８割は総合的に見て学校に満足している。こうした現状は、各学校において、学習指導要領等に基づく真摯な取組が重ねられてきたことの成果であると考えられる。

○ 一方で、我が国の子供たちはどのような課題を抱えているのであろうか。学力に関する調査においては、判断の根拠や理由を明確に示しながら自分の考えを述べたり、実験結果を分析して解釈・考察し説明したりすることなどについて課題が指摘されている。また、学ぶことの楽しさや意義が実感できているかどうか、自分の判断や行動がよりよい社会づくりにつながるという意識を持っているかどうかという点では、肯定的な回答が国際的に見て相対的に低いことなども指摘されている。

○ こうした調査結果からは、学ぶことと自分の人生や社会とのつながりを実感しながら、自らの能力を引き出し、学習したことを活用して、生活や社会の中で出会う課題の解決に主体的に生かしていくという面から見た学力には、課題があることが分かる。

○ また、スマートフォンなどの普及に伴い、情報通信技術（ICT）を利用する時間は増加傾向にある。情報化が進展し身近に様々な情報が氾濫し、あらゆる分野の多様な情報に触れることがますます容易になる一方で、視覚的な情報と言葉との結びつきが希薄になり、知覚した情報の意味を吟味したり、文章の構造や内容を的確に捉えたりしながら読み解くことが少なくなっているのではないかとの指摘もある。

○ PISA2015では、読解力について、国際的には引き続き平均得点が高い上位グループに位置しているものの、前回調査と比較して平均得点が有意に低下しているという分析がなされている。この結果の背景には、調査の方式がコンピュータを用いたテスト（CBT）に全面移行する中で、子供たちが、紙ではないコンピュータ上の複数の画面から情報を取り出し、考察しながら解答することに慣れておらず、戸惑いがあったものと考えられること、また、情報化の進展に伴い、特に子供にとって言葉を取り巻く環境が変化する中で、一定量の文章に接する機会が変化してきていることなどがあると考えられ、そうした中で、読解力に関して指摘されてきた前述のような諸課題が、より具体的な分析結果として浮かび上がってきたものと見ることができる。子供たちが将来どのような場面に直面した

資　料

としても発揮できるような、確かな読解力を育んでいくことがますます重要となっている。
○　子供たちの読書活動についても、量的には改善傾向にあるものの、受け身の読書体験にとどまっており、著者の考えや情報を読み解きながら自分の考えを形成していくという、能動的な読書になっていないとの指摘もある。教科書の文章を読み解けていないとの調査結果もあるところであり、文章で表された情報を的確に理解し、自分の考えの形成に生かしていけるようにすることは喫緊の課題である。特に、小学校低学年における学力差はその後の学力差に大きく影響すると言われる中で、語彙の量と質の違いが学力差に大きく影響しているとの指摘もあり、言語能力の育成は前回改訂に引き続き課題となっている。
○　子供たちが活躍する将来を見据え、一人一人が感性を豊かにして、人生や社会の在り方を創造的に考えることができるよう、豊かな心や人間性を育んでいく観点からは、子供が自然の中で豊かな体験をしたり、文化芸術を体験して感性を高めたりする機会が限られているとの指摘もある。子供を取り巻く地域や家庭の環境、情報環境等が劇的に変化する中でも、子供たちが様々な体験活動を通じて、生命の有限性や自然の大切さ、自分の価値を認識しつつ他者と協働することの重要性などを、実感しながら理解できるようにすることは極めて重要であり、そのために、学級等を単位とした集団の中で体系的・継続的な活動を行うことのできる学校の場を生かして、地域・家庭と連携・協働しつつ、体験活動の機会を確保していくことが課題となっている。
○　平成27年3月に行われた道徳教育に関する学習指導要領一部改正に当たっては、多様な人々と互いを尊重し合いながら協働し、社会を形作っていく上で共通に求められるルールやマナーを学び、規範意識などを育むとともに、人としてよりよく生きる上で大切なものとは何か、自分はどのように生きるべきかなどについて考えを深め、自らの生き方を育んでいくことなどの重要性が指摘されている。
○　体力については、運動する子供とそうでない子供の二極化傾向が見られること、スポーツに関する科学的知見を踏まえて、「する」のみならず、「みる、支える、知る」といった多様な視点からスポーツとの関わりを考えることができるようにすることなどが課題となっている。
○　子供の健康に関しては、性や薬物等に関する情報の入手が容易になるなど、子供たちを取り巻く環境が大きく変化している。また、食を取り巻く社会環境の変

化により、栄養摂取の偏りや朝食欠食といった食習慣の乱れ等に起因する肥満や生活習慣病、食物アレルギー等の健康課題が見られる。さらに、東日本大震災や平成28年（2016年）熊本地震をはじめとする様々な自然災害の発生や、情報化やグローバル化等の社会の変化に伴い、子供を取り巻く安全に関する環境も変化している。こうした課題を乗り越えるためには、必要な情報を自ら収集し、適切な意思決定や行動選択を行うことができる力を子供たち一人一人に育むことが課題となっている。

（子供たち一人一人の成長を支え可能性を伸ばす視点の重要性）
○ こうした全般的な傾向に加えて、子供の発達や学習を取り巻く個別の教育的ニーズを把握し、一人一人の可能性を伸ばしていくことも課題となっている。
○ 子供の貧困が課題となる中、家庭の経済事情が、進学率や学力、子供の体験の豊かさなどに大きな影響を及ぼしていると指摘されている。学校教育が個々の家庭の経済事情を乗り越えて、子供たちに必要な力を育んでいくために有効な取組を展開していくこと、個に応じた指導や学び直しの充実等を通じ、一人一人の学習課題に応じて、初等中等教育を通じて育むべき力を確実に身に付けられるようにしていくことが期待されている。
○ また、特別支援教育の対象となる子供たちは増加傾向にあり、通常の学級において、知的発達に遅れはないものの学習面又は行動面での著しい困難を示す児童生徒が6.5％程度在籍しているという調査結果もある。全ての学校や学級に、発達障害を含めた障害のある子供たちが在籍する可能性があることを前提に、子供たち一人一人の障害の状況や発達の段階に応じて、その力を伸ばしていくことが課題となっている。
○ 近年では、外国籍の子供や、両親のいずれかが外国籍であるなどの、外国につながる子供たちも増加傾向にあり、その母語や日本語の能力も多様化している状況にある。こうした子供たちが、一人一人の日本語の能力に応じた支援を受け、学習や生活の基盤を作っていけるようにすることも大きな課題である。
○ また、教育を受ける機会を均等に確保していくという観点からは、不登校児童生徒数が依然として高水準で推移していることや、義務教育未修了の学齢超過者等の就学機会が限られていることなどの課題があるところである。
○ 加えて、子供たちが自分のキャリア形成の見通しの中で、個性や能力を生かして学びを深め将来の活躍につなげることができるよう、学校教育で学んだことを

資　料

きっかけとして、興味や関心に応じた多様な学習機会につなげていけるようにすることも期待されているところである。

第2章　2030年の社会と子供たちの未来

（予測困難な時代に、一人一人が未来の創り手となる）
○　こうした現状分析を踏まえ、子供たちがその長所を伸ばしつつ課題を乗り越えていけるようにすることが重要であるが、教育課程の在り方を検討するに当たっては、加えて、子供たちが現在と未来に向けて、自らの人生をどのように拓いていくことが求められているのか、また、新しい時代を生きる子供たちに、学校教育は何を準備しなければならないのかという、これから子供たちが活躍することとなる将来についての見通しが必要となる。

○　新しい学習指導要領等は、過去のスケジュールを踏まえて実施されれば、例えば小学校では、東京オリンピック・パラリンピック競技大会が開催される2020年から、その10年後の2030年頃までの間、子供たちの学びを支える重要な役割を担うことになる。学校教育の将来像を描くに当たって一つの目標となる、この2030年頃の社会の在り方を見据えながら、その先も見通した姿を考えていくことが重要となる。

○　前回改訂の答申で示されたように、21世紀の社会は知識基盤社会であり、新しい知識・情報・技術が、社会のあらゆる領域での活動の基盤として飛躍的に重要性を増していく。こうした社会認識は今後も継承されていくものであるが、近年顕著となってきているのは、知識・情報・技術をめぐる変化の早さが加速度的となり、情報化やグローバル化といった社会的変化が、人間の予測を超えて進展するようになってきていることである。

○　とりわけ最近では、第4次産業革命ともいわれる、進化した人工知能が様々な判断を行ったり、身近な物の働きがインターネット経由で最適化されたりする時代の到来が、社会や生活を大きく変えていくとの予測がなされている。"人工知能の急速な進化が、人間の職業を奪うのではないか" "今学校で教えていることは時代が変化したら通用しなくなるのではないか" といった不安の声もあり、それを裏付けるような未来予測も多く発表されている。

○　また、情報技術の飛躍的な進化等を背景として、経済や文化など社会のあらゆる分野でのつながりが国境や地域を越えて活性化し、多様な人々や地域同士のつ

ながりはますます緊密さを増してきている。こうしたグローバル化が進展する社会の中では、多様な主体が速いスピードで相互に影響し合い、一つの出来事が広範囲かつ複雑に伝播し、先を見通すことがますます難しくなってきている。

○ このように、社会の変化は加速度を増し、複雑で予測困難となってきており、しかもそうした変化が、どのような職業や人生を選択するかにかかわらず、全ての子供たちの生き方に影響するものとなっている。社会の変化にいかに対処していくかという受け身の観点に立つのであれば、難しい時代になると考えられるかもしれない。

○ しかし、このような時代だからこそ、子供たちは、変化を前向きに受け止め、私たちの社会や人生、生活を、人間ならではの感性を働かせてより豊かなものにしたり、現在では思いもつかない新しい未来の姿を構想し実現したりしていくことができる。

○ 人工知能がいかに進化しようとも、それが行っているのは与えられた目的の中での処理である。一方で人間は、感性を豊かに働かせながら、どのような未来を創っていくのか、どのように社会や人生をよりよいものにしていくのかという目的を自ら考え出すことができる。多様な文脈が複雑に入り交じった環境の中でも、場面や状況を理解して自ら目的を設定し、その目的に応じて必要な情報を見いだし、情報を基に深く理解して自分の考えをまとめたり、相手にふさわしい表現を工夫したり、答えのない課題に対して、多様な他者と協働しながら目的に応じた納得解を見いだしたりすることができるという強みを持っている。

○ このために必要な力を成長の中で育んでいるのが、人間の学習である。解き方があらかじめ定まった問題を効率的に解いたり、定められた手続を効率的にこなしたりすることにとどまらず、直面する様々な変化を柔軟に受け止め、感性を豊かに働かせながら、どのような未来を創っていくのか、どのように社会や人生をよりよいものにしていくのかを考え、主体的に学び続けて自ら能力を引き出し、自分なりに試行錯誤したり、多様な他者と協働したりして、新たな価値を生み出していくために必要な力を身に付け、子供たち一人一人が、予測できない変化に受け身で対処するのではなく、主体的に向き合って関わり合い、その過程を通して、自らの可能性を発揮し、よりよい社会と幸福な人生の創り手となっていけるようにすることが重要である。

資　料

（「生きる力」の育成と、学校教育及び教育課程への期待）
○　こうした力は、これまでの学校教育で育まれてきたものとは異なる全く新しい力ということではない。学校教育が長年その育成を目指してきた、変化の激しい社会を生きるために必要な力である「生きる力」や、その中でこれまでも重視されてきた知・徳・体の育成ということの意義を、加速度的に変化する社会の文脈の中で改めて捉え直し、しっかりと発揮できるようにしていくことであると考えられる。時代の変化という「流行」の中で未来を切り拓いていくための力の基盤は、学校教育における「不易」たるものの中で育まれると言えよう。
○　学校教育が目指す子供たちの姿と、社会が求める人材像の関係については、長年議論が続けられてきた。社会や産業の構造が変化し、質的な豊かさが成長を支える成熟社会に移行していく中で、特定の既存組織のこれまでの在り方を前提としてどのように生きるかだけではなく、様々な情報や出来事を受け止め、主体的に判断しながら、自分を社会の中でどのように位置付け、社会をどう描くかを考え、他者と一緒に生き、課題を解決していくための力の育成が社会的な要請となっている。
○　こうした力の育成は、学校教育が長年「生きる力」の育成として目標としてきたものであり、学校教育がその強みを発揮し、一人一人の可能性を引き出して豊かな人生を実現し、個々のキャリア形成を促し、社会の活力につなげていくことが、社会からも強く求められているのである。
○　今は正に、学校と社会とが認識を共有し、相互に連携することができる好機にあると言える。教育界には、変化が激しく将来の予測が困難な時代にあってこそ、子供たちが自信を持って自分の人生を切り拓き、よりよい社会を創り出していくことができるよう、必要な力を確実に育んでいくことが期待されている。
○　そのためには、前章において指摘された課題を乗り越え、子供たちに未来を創り出す力を育んでいくことができるよう、学校教育の改善、とりわけその中核となる教育課程の改善を図っていかなければならない。

（我が国の子供たちの学びを支え、世界の子供たちの学びを後押しする）
○　本答申の姿勢は、このように、子供たちの現状と未来を見据えた視野からの教育課程の改善を目指すものである。こうした改革の方向性は国際的な注目も集めているところであり、例えば、OECDとの間で実施された政策対話の中では、学力向上を着実に図りつつ、新しい時代に求められる力の育成という次の段階に

進もうとしている日本の改革が高く評価されるとともに、その政策対話等の成果を基に、2030年の教育の在り方を国際的に議論していくための新しいプロジェクトが立ち上げられた。こうした枠組みの中でも、また、平成28年5月に開催されたG7倉敷教育大臣会合などにおいても、我が国のカリキュラム改革は、もはや諸外国へのキャッチアップではなく、世界をリードする役割を期待されている。

○ 特に、自然環境や資源の有限性等を理解し、持続可能な社会づくりを実現していくことは、我が国や各地域が直面する課題であるとともに、地球規模の課題でもある。子供たち一人一人が、地域の将来などを自らの課題として捉え、そうした課題の解決に向けて自分たちができることを考え、多様な人々と協働し実践できるよう、我が国は、持続可能な開発のための教育（ESD）に関するユネスコ世界会議のホスト国としても、先進的な役割を果たすことが求められる。

○ また、2020年に開催される東京オリンピック・パラリンピック競技大会の開催を、スポーツへの関心を高めることはもちろん、多様な国や地域の文化の理解を通じて、多様性の尊重や国際平和に寄与する態度や、多様な人々が共に生きる社会の実現に不可欠な他者への共感や思いやりを子供たちに培っていくことの契機ともしていかなくてはならない。

○ 教育の将来像を描くに当たって一つの目標となる、2030年の社会の在り方を見据えながら、その先も見通した初等中等教育の在り方を示し、我が国の子供たちの学びを支えるとともに、世界の子供たちの学びを後押しするものとすることが、今回の改訂には期待されている。

第3章 「生きる力」の理念の具体化と教育課程の課題

1．学校教育を通じて育てたい姿と「生きる力」の理念の具体化

○ 子供たちにどのような力を育むのかを議論するに当たって、まず踏まえるべきは、教育基本法をはじめとした教育法令が定める教育の目的や目標である。特に、教育基本法に定める教育の目的を踏まえれば、学校教育においては、個人一人一人の「人格の完成」と、「平和で民主的な国家及び社会の形成者として必要な資質」を備えた心身ともに健康な国民の育成に向けて、子供たちの資質・能力を育むことが求められる。

○ また、同じく教育基本法第2条は、教育の目的を実現するため、知・徳・体の調和のとれた発達を基本としつつ、個人の自立、他者や社会との関係、自然や環

境との関係、我が国の伝統や文化を基盤として国際社会を生きる日本人という観点から、具体的な教育目標を定めているところである。
○ こうした教育基本法が目指す教育の目的や目標に基づき、先に見た子供たちの現状や課題を踏まえつつ、2030年とその先の社会の在り方を見据えながら、学校教育を通じて子供たちに育てたい姿を描くとすれば、以下のような在り方が考えられる。
・ 社会的・職業的に自立した人間として、我が国や郷土が育んできた伝統や文化に立脚した広い視野を持ち、理想を実現しようとする高い志や意欲を持って、主体的に学びに向かい、必要な情報を判断し、自ら知識を深めて個性や能力を伸ばし、人生を切り拓いていくことができること。
・ 対話や議論を通じて、自分の考えを根拠とともに伝えるとともに、他者の考えを理解し、自分の考えを広げ深めたり、集団としての考えを発展させたり、他者への思いやりを持って多様な人々と協働したりしていくことができること。
・ 変化の激しい社会の中でも、感性を豊かに働かせながら、よりよい人生や社会の在り方を考え、試行錯誤しながら問題を発見・解決し、新たな価値を創造していくとともに、新たな問題の発見・解決につなげていくことができること。
○ こうした姿は、前章において述べたとおり、変化の激しい社会を生きるために必要な力である「生きる力」を、現在とこれからの社会の文脈の中で改めて捉え直し、しっかりと発揮できるようにすることで実現できるものであると考えられる。言い換えれば、これからの学校教育においては、「生きる力」の現代的な意義を踏まえてより具体化し、教育課程を通じて確実に育むことが求められている。

2．「生きる力」の育成に向けた教育課程の課題
(1) 教科等を学ぶ意義の明確化と、教科等横断的な教育課程の検討・改善に向けた課題
○ 「生きる力」の実現という観点からは、前回改訂において重視された学力の三要素のバランスのとれた育成や、各教科等を貫く改善の視点であった言語活動や体験活動の重視等については、学力が全体として改善傾向にあるという成果を受け継ぎ、引き続き充実を図ることが重要であると考える。
○ 一方で、第1章において述べたとおり、子供たちの学力に関する今後の課題として、学ぶことと自分の人生や社会とのつながりを実感しながら、自らの能力を

引き出し、学習したことを活用して、生活や社会の中で出会う課題の解決に主体的に生かしていけるように学校教育を改善すべきことが挙げられている。また、言語活動の充実は、思考力・判断力・表現力等の育成に大きな効果を上げてきた一方で、子供たちが情報を的確に理解し、自分の考えの形成に生かしていけるようにすることには依然として課題が指摘されている。言語活動を通じて、どのような力を育み伸ばすのかを、より明確にして実践していくことの必要性が浮かび上がっている。

○ 学力に関するこうした課題に加えて、豊かな心や人間性、健やかな体の育成に関する子供たちの現状や課題に的確に対応していくためには、知・徳・体のバランスのとれた力である「生きる力」という理念をより具体化し、それがどのような資質・能力を育むことを目指しているのかを明確にしていくことが重要である。さらに、それらの資質・能力と各学校の教育課程や、各教科等の授業等とのつながりが分かりやすくなるよう、学習指導要領等の示し方を工夫することが求められる。

○ 特に近年では、大量退職・大量採用の影響などにより、地域や学校によっては、30代、40代の教員の数が極端に少なく、学校内における年齢構成の不均衡が生じており、初任者等の若手教員への指導技術の伝承が難しくなっているとの指摘もある。こうした中、「生きる力」の理念の具体化や、資質・能力と教育課程とのつながりの明確化を図ることにより、学習指導要領等が、個々の教室における具体的な指導がどのような力を育成するものであるかをより深く認識し、創意工夫を凝らして授業や指導を改善するための重要な手立てとなることが期待される。

○ 議論の上で参考としたのは、国内外における、教育学だけではなく、人間の発達や認知に関する科学なども含めた幅広い学術研究の成果や教育実践などを踏まえた資質・能力についての議論の蓄積である。前回改訂の検討過程においても、育成を目指す資質・能力を踏まえ教育課程を分かりやすく整理することの重要性は認識されていたが、当時はまだ資質・能力の育成と子供の発達、教育課程との関係等に関する議論の蓄積が乏しかった。

○ そのため、現行の学習指導要領では、言語活動の充実を各教科等を貫く改善の視点として掲げるにとどまっている。言語活動の導入により、思考力等の育成に一定の成果は得られつつあるものの、教育課程全体としてはなお、各教科等において「教員が何を教えるか」という観点を中心に組み立てられており、それぞれ

教えるべき内容に関する記述を中心に、教科等の枠組みごとに知識や技能の内容に沿って順序立てて整理したものとなっている。そのため、一つ一つの学びが何のためか、どのような力を育むものかは明確ではない。
○ このことが、各教科等の縦割りを超えた指導改善の工夫が妨げられているのではないか、指導の目的が「何を知っているか」にとどまりがちであり、知っていることを活用して「何ができるようになるか」にまで発展していないのではないかとの指摘の背景になっていると考えられる。
○ 教育課程において、各教科等において何を教えるかという内容は重要ではあるが、前述のとおり、これまで以上に、その内容を学ぶことを通じて「何ができるようになるか」を意識した指導が求められている。特に、これからの時代に求められる資質・能力については、第5章において述べるように、情報活用能力や問題発見・解決能力、様々な現代的な諸課題に対応して求められる資質・能力など、特定の教科等だけではなく、全ての教科等のつながりの中で育まれるものも多く指摘されている。
○ 重要となるのは、"この教科を学ぶことで何が身に付くのか"という、各教科等を学ぶ本質的な意義を明らかにしていくことに加えて、学びを教科等の縦割りにとどめるのではなく、教科等を越えた視点で教育課程を見渡して相互の連携を図り、教育課程全体としての効果が発揮できているかどうか、教科等間の関係性を深めることでより効果を発揮できる場面はどこか、といった検討・改善を各学校が行うことであり、これらの各学校における検討・改善を支える観点から学習指導要領等の在り方を工夫することである。
○ 新しい学習指導要領等には、各学校がこうした教育課程の検討・改善や、創意工夫にあふれた指導の充実を図ることができるよう、「生きる力」とは何かを資質・能力として具体化し、教育目標や教育内容として明示したり、教科等間のつながりがわかりやすくなるよう示し方を工夫したりしていくことが求められる。

(2) **社会とのつながりや、各学校の特色づくりに向けた課題**
○ 現在、保護者や地域住民が学校運営に参画するコミュニティ・スクール（学校運営協議会制度）や、幅広い地域住民等の参画により地域全体で未来を担う子供たちの成長を支え地域を創生する地域学校協働活動等の推進により、学校と地域の連携・協働が進められてきている。こうした進展は、学校の設置者や管理職、地域社会の強いリーダーシップによるものであるが、今後、これらの取組を更に

広げていくためには、学校教育を通じてどのような資質・能力を育むことを目指すのか、学校で育まれる資質・能力が社会とどのようにつながっているのかについて、地域と学校が認識を共有することが求められる。
○　また、学校教育に「外の風」、すなわち、変化する社会の動きを取り込み、世の中と結び付いた授業等を通じて、子供たちがこれからの人生を前向きに考えていけるようにすることや、発達の段階に応じて積み重ねていく学びの中で、地域や社会と関わり、様々な職業に出会い、社会的・職業的自立に向けた学びを積み重ねていくことが、これからの学びの鍵となる。
○　教育課程は、学校教育において最も重要な役割を担うものでありながら、各学校における日々の授業や指導の繰り返しの中で、その存在や意義が余りにも当然のこととなり、改めて振り返られることはそれほど多くはない。
○　今後、子供たちに求められる資質・能力を明確にして地域と共有したり、学校経営の見直しを図り学校の特色を作り上げたりするためには、教育課程の編成主体である各学校が、学校教育の軸となる教育課程の意義や役割を再認識し、地域の実情や子供たちの姿を踏まえながら、どのような資質・能力を育むことを目指し、そのためにどのような授業を行っていくのか、その実現に向けて、人材や予算、時間、情報、施設や設備、教育内容といった学校の資源をどう再配分していくのかを考え効果的に組み立てていくことが重要になる。そのためには、教育課程の基準である学習指導要領等が、学校教育の意義や役割を社会と広く共有したり、学校経営の改善に必要な視点を提供したりするものとして見直されていく必要がある。

(3)　**子供たち一人一人の豊かな学びの実現に向けた課題**
○　学校は、今を生きる子供たちにとって、未来の社会に向けた準備段階としての場であると同時に、現実の社会との関わりの中で、毎日の生活を築き上げていく場でもある。学校そのものが、子供たちや教職員、保護者、地域の人々などから構成される一つの社会でもあり、子供たちは、こうした学校も含めた社会の中で、生まれ育った環境に関わらず、また、障害の有無に関わらず、様々な人と関わりながら学び、その学びを通じて、自分の存在が認められることや、自分の活動によって何かを変えたり、社会をよりよくしたりできることなどの実感を持つことができる。
○　そうした実感は、子供たちにとって、自分の活動が身近な地域や社会生活に影

響を与えるという認識につながり、これを積み重ねていくことにより、主体的に学びに向かい、学んだことを人生や社会づくりに生かしていこうという意識や積極性につながっていく。

○ こうした学校での学びの質を高め、豊かなものとしていくことにより、子供たちは、学習内容を人生や社会の在り方と結び付けて深く理解したり、これからの時代に求められる資質・能力を身に付けたり、生涯にわたって能動的に学び続けたりすることができるようになる。全ての子供は、学ぶことを通じて、未来に向けて成長しようとする潜在的な力を持っている。

○ また、子供たち一人一人は、多様な可能性を持った存在であり、多様な教育的ニーズを持っている。成熟社会において新たな価値を創造していくためには、一人一人が互いの異なる背景を尊重し、それぞれが多様な経験を重ねながら、様々な得意分野の能力を伸ばしていくことが、これまで以上に強く求められる。一方で、苦手な分野を克服しながら、社会で生きていくために必要となる力をバランス良く身に付けていけるようにすることも重要である。

○ 我が国が平成26年に批准した「障害者の権利に関する条約」において提唱されているインクルーシブ教育システムの理念の推進に向けて、一人一人の子供たちが、障害の有無やその他の個々の違いを認め合いながら、共に学ぶことを追求することは、誰もが生き生きと活躍できる社会を形成していくことでもある。

○ また、前項(2)においても触れたように、学校と社会との接続を意識し、子供たち一人一人に、社会的・職業的自立に向けて必要な基盤となる能力や態度を育み、キャリア発達を促すキャリア教育の視点も重要である。

○ 教育課程の改善に当たっては、発達の段階に応じた共通の教育目標の達成を目指しつつ、前述のような視点から、子供たち一人一人の潜在的な力を引き出し高めていくことができるよう、また、一人一人の教職員が教室や社会においてその力を発揮し活躍できるようにすることが重要である。学習指導要領等には、こうした視点を共有していくための手立てとしての役割も期待されているところである。

(4) **学習評価や条件整備等との一体的改善・充実に向けた課題**

○ 新しい学習指導要領等の理念を実現していくためには、それを実現するために必要な施策を、教育課程の改善の方向性と一貫性を持って実施していくことが必要である。例えば、学習評価については、従来は、学習指導要領の改訂を終えた後に検討を行うことが一般的であったが、資質・能力を効果的に育成するために

は、教育目標・内容と学習評価とを一体的に検討することが重要である。諮問においても一体的な検討が要請されていたところであり、本答申において、学習評価についても考え方を整理することとした。
○　また、学習指導要領等の在り方にとどまらず、それを実現するための条件整備が必要不可欠であることは言うまでもない。第10章において述べるように、教職員定数の充実などの指導体制の確立や教員の資質・能力の向上、ICT環境など教育インフラの充実など必要な条件整備を強く求めたい。

第4章　学習指導要領等の枠組みの改善と「社会に開かれた教育課程」

1．「社会に開かれた教育課程」の実現

○　前章において述べたように、新しい学習指導要領等においては、教育課程を通じて、子供たちが変化の激しい社会を生きるために必要な資質・能力とは何かを明確にし、教科等を学ぶ本質的な意義を大切にしつつ、教科等横断的な視点も持って育成を目指していくこと、社会とのつながりを重視しながら学校の特色づくりを図っていくこと、現実の社会との関わりの中で子供たち一人一人の豊かな学びを実現していくことが課題となっている。

○　これらの課題を乗り越え、子供たちの日々の充実した生活を実現し、未来の創造を目指していくためには、学校が社会や世界と接点を持ちつつ、多様な人々とつながりを保ちながら学ぶことのできる、開かれた環境となることが不可欠である。そして、学校が社会や地域とのつながりを意識し、社会の中の学校であるためには、学校教育の中核となる教育課程もまた社会とのつながりを大切にする必要がある。

○　こうした社会とのつながりの中で学校教育を展開していくことは、我が国が社会的な課題を乗り越え、未来を切り拓いていくための大きな原動力ともなる。特に、子供たちが、身近な地域を含めた社会とのつながりの中で学び、自らの人生や社会をよりよく変えていくことができるという実感を持つことは、困難を乗り越え、未来に向けて進む希望と力を与えることにつながるものである。

○　前述のとおり、今は正に、社会からの学校教育への期待と学校教育が長年目指してきたものが一致し、これからの時代を生きていくために必要な力とは何かを学校と社会とが共有し、共に育んでいくことができる好機にある。これからの教育課程には、社会の変化に目を向け、教育が普遍的に目指す根幹を堅持しつつ、

資　料

社会の変化を柔軟に受け止めていく「社会に開かれた教育課程」としての役割が期待されている。
　このような「社会に開かれた教育課程」としては、次の点が重要になる。
① 社会や世界の状況を幅広く視野に入れ、よりよい学校教育を通じてよりよい社会を創るという目標を持ち、教育課程を介してその目標を社会と共有していくこと。
② これからの社会を創り出していく子供たちが、社会や世界に向き合い関わり合い、自らの人生を切り拓いていくために求められる資質・能力とは何かを、教育課程において明確化し育んでいくこと。
③ 教育課程の実施に当たって、地域の人的・物的資源を活用したり、放課後や土曜日等を活用した社会教育との連携を図ったりし、学校教育を学校内に閉じずに、その目指すところを社会と共有・連携しながら実現させること。
○ この「社会に開かれた教育課程」の実現を目標とすることにより、学校の場において、子供たち一人一人の可能性を伸ばし、新しい時代に求められる資質・能力を確実に育成したり、そのために求められる学校の在り方を不断に探究する文化を形成したりすることが可能になるものと考えられる。

２．学習指導要領等の改善の方向性
○ 「社会に開かれた教育課程」の理念のもと、第１章及び第２章において述べた子供たちの現状や将来展望、前章において述べた教育課程の課題を踏まえ、子供たちに新しい時代を切り拓いていくために必要な資質・能力を育むためには、以下の３点にわたる改善・充実を行うことが求められる。

(1) 学習指導要領等の枠組みの見直し
（「学びの地図」としての枠組みづくりと、各学校における創意工夫の活性化）
○ 第一は、学習指導要領等の枠組みを大きく見直すことである。これからの教育課程やその基準となる学習指導要領等には、学校教育を通じて育む「生きる力」とは何かを資質・能力として明確にし、教科等を学ぶ意義を大切にしつつ教科等横断的な視点で育んでいくこと、社会とのつながりや各学校の特色づくり、子供たち一人一人の豊かな学びの実現に向けた教育改善の軸としての役割が期待されている。
○ 現行の学習指導要領については、前章２．において述べたように、言語活動の

導入に伴う思考力等の育成に一定の成果は得られつつあるものの、全体としてはなお、各教科等において「教員が何を教えるか」という観点を中心に組み立てられており、そのことが、教科等の縦割りを越えた指導改善の工夫や、指導の目的を「何を知っているか」にとどまらず「何ができるようになるか」にまで発展させることを妨げているのではないかとの指摘もあるところである。

○　これからの教育課程や学習指導要領等は、学校の創意工夫の下、子供たちの多様で質の高い学びを引き出すため、学校教育を通じて子供たちが身に付けるべき資質・能力や学ぶべき内容などの全体像を分かりやすく見渡せる「学びの地図」として、教科等や学校段階を越えて教育関係者間が共有したり、子供自身が学びの意義を自覚する手掛かりを見いだしたり、家庭や地域、社会の関係者が幅広く活用したりできるものとなることが求められている。教育課程が、学校と社会や世界との接点となり、さらには、子供たちの成長を通じて現在と未来をつなぐ役割を果たしていくことが期待されているのである。

○　それを実現するためには、まず学習する子供の視点に立ち、教育課程全体や各教科等の学びを通じて「何ができるようになるのか」という観点から、育成を目指す資質・能力を整理する必要がある。その上で、整理された資質・能力を育成するために「何を学ぶか」という、必要な指導内容等を検討し、その内容を「どのように学ぶか」という、子供たちの具体的な学びの姿を考えながら構成していく必要がある。

○　この「どのように学ぶか」という視点は、資質・能力の育成に向けて、子供一人一人の興味や関心、発達や学習の課題等を踏まえ、それぞれの個性に応じた学びを引き出していく上でも重要である。こうした観点からは、「子供の発達をどのように支援するか」という視点も重要になる。

○　加えて、前章2．(4)において述べたように、教育課程の改善は学習指導要領等の理念を実現するために必要な施策と一体的に実施される必要があり、学習評価等を通じて「何が身に付いたか」を見取ることや、「実施するために何が必要か」を教育課程の在り方と併せて考えていくことも重要になる。

○　これらをまとめれば、新しい学習指導要領等に向けては、以下の6点に沿って改善すべき事項をまとめ、枠組みを考えていくことが必要となる。
　　①　「何ができるようになるか」（育成を目指す資質・能力）
　　②　「何を学ぶか」（教科等を学ぶ意義と、教科等間・学校段階間のつながりを踏

まえた教育課程の編成)
③ 「どのように学ぶか」(各教科等の指導計画の作成と実施、学習・指導の改善・充実)
④ 「子供一人一人の発達をどのように支援するか」(子供の発達を踏まえた指導)
⑤ 「何が身に付いたか」(学習評価の充実)
⑥ 「実施するために何が必要か」(学習指導要領等の理念を実現するために必要な方策)

○ 次章から第10章まで、及び第2部においては、学習指導要領等の目標や内容の示し方について、前述の①～⑥を踏まえつつ、必要な事項を整理した。特に各教科等においては、育成を目指す資質・能力を明確にし、教育目標や教育内容を再整理するとともに、各学校における指導上の創意工夫の参考となる、各教科等の特質に応じた学びの過程の考え方も併せて示したところである。

○ なお、学習指導要領等は、教育の内容及び方法についての必要かつ合理的な事項を示す大綱的基準として、法規としての性格を有している。一方で、その適用に当たって法規としての学習指導要領等に反すると判断されるのは、例えば、学習指導要領等に定められた個別具体的な内容項目を行わない場合や、教育の具体的な内容及び方法について学校や教員に求められるべき裁量を前提としてもなお明らかにその範囲を逸脱した場合など、学習指導要領等の規定に反することが明白に捉えられる場合である。そのため、資質・能力の育成に向けては、学習指導要領等に基づき、目の前の子供たちの現状を踏まえた具体的な目標の設定や指導の在り方について、学校や教員の裁量に基づく多様な創意工夫が前提とされているものであり、特定の目標や方法に画一化されるものではない。

○ 今回の改訂の趣旨は、新しい時代に求められる資質・能力の育成やそのための各学校の創意工夫に基づいた指導の改善といった大きな方向性を共有しつつ、むしろ、その実現に向けた多様な工夫や改善の取組を活性化させようとするものである。

(新しい学習指導要領等の考え方を共有するための、総則の抜本的改善)

○ 新しい学習指導要領等では、「社会に開かれた教育課程」の理念を実現するため、前述①～⑥に沿った改善が図られることとなるが、こうした枠組みについての考え方が関係者において共有されることが重要になる。また、学習指導要領等の改訂を契機に、子供たちが「何ができるようになるか」を重視するという視点

が共有され、教科書や教材が改善され、学校や教職員の創意工夫に基づいた多様で質の高い指導の充実が図られることが求められる。

○ そのためには、このような教育課程の改善の基本的な考え方が、教職員や関係者に分かりやすく情報発信され、理解されることが必要である。学習指導要領等には、教育課程に関する基本的な事項を示す要として、総則の章があるが、これまでの役割は、各教科等において何を教えるかということを前提に、主に授業時間の取扱いについての考え方や、各教科等の指導に共通する留意事項を示すことに限られていた。

○ 学習指導要領等の改訂においては、この総則の位置付けを抜本的に見直し、前述①~⑥に沿った章立てとして組み替え、後述する資質・能力の在り方や「アクティブ・ラーニング」の視点も含め、必要な事項が各学校における教育課程編成の手順を追って分かりやすくなるように整理することが求められる。

○ このような総則の抜本的な見直しは、全ての教職員が校内研修や多様な研修の場を通じて、新しい教育課程の考え方について理解を深めることができるようにするとともに、日常的に総則を参照することにより、次項において述べる「カリキュラム・マネジメント」を通じた学校教育の改善・充実を実現しやすくするものである。

(2) 教育課程を軸に学校教育の改善・充実の好循環を生み出す「カリキュラム・マネジメント」の実現

(「カリキュラム・マネジメント」の重要性)

○ 第二は、各学校における「カリキュラム・マネジメント」の確立である。改めて言うまでもなく、教育課程とは、学校教育の目的や目標を達成するために、教育の内容を子供の心身の発達に応じ、授業時数との関連において総合的に組織した学校の教育計画であり、その編成主体は各学校である。各学校には、学習指導要領等を受け止めつつ、子供たちの姿や地域の実情等を踏まえて、各学校が設定する学校教育目標を実現するために、学習指導要領等に基づき教育課程を編成し、それを実施・評価し改善していくことが求められる。これが、いわゆる「カリキュラム・マネジメント」である。

○ 「社会に開かれた教育課程」の理念のもと、子供たちが未来の創り手となるために求められる資質・能力を育んでいくためには、子供たちが「何ができるようになるか」「何を学ぶか」「どのように学ぶか」など、前項(1)において掲げた①~

資　料

⑥に関わる事項を各学校が組み立て、家庭・地域と連携・協働しながら実施し、目の前の子供たちの姿を踏まえながら不断の見直しを図ることが求められる。今回の改訂は、各学校が学習指導要領等を手掛かりに、この「カリキュラム・マネジメント」を実現し、学校教育の改善・充実の好循環を生み出していくことを目指すものである。

○　特に、次期学習指導要領等が目指す理念を実現するためには、教育課程全体を通した取組を通じて、教科等横断的な視点から教育活動の改善を行っていくことや、学校全体としての取組を通じて、教科等や学年を越えた組織運営の改善を行っていくことが求められる。各学校が編成する教育課程を軸に、教育活動や学校経営などの学校の全体的な在り方をどのように改善していくのかが重要になる。

（「カリキュラム・マネジメント」の三つの側面）

○　こうした「カリキュラム・マネジメント」については、これまで、教育課程の在り方を不断に見直すという以下の②の側面から重視されてきているところであるが、「社会に開かれた教育課程」の実現を通じて子供たちに必要な資質・能力を育成するという、新しい学習指導要領等の理念を踏まえれば、これからの「カリキュラム・マネジメント」については、以下の三つの側面から捉えることができる。

①　各教科等の教育内容を相互の関係で捉え、学校教育目標を踏まえた教科等横断的な視点で、その目標の達成に必要な教育の内容を組織的に配列していくこと。

②　教育内容の質の向上に向けて、子供たちの姿や地域の現状等に関する調査や各種データ等に基づき、教育課程を編成し、実施し、評価して改善を図る一連のPDCAサイクルを確立すること。

③　教育内容と、教育活動に必要な人的・物的資源等を、地域等の外部の資源も含めて活用しながら効果的に組み合わせること。

（全ての教職員で創り上げる各学校の特色）

○　「カリキュラム・マネジメント」の実現に向けては、校長又は園長を中心としつつ、教科等の縦割りや学年を越えて、学校全体で取り組んでいくことができるよう、学校の組織や経営の見直しを図る必要がある。そのためには、管理職のみならず全ての教員が「カリキュラム・マネジメント」の必要性を理解し、日々の授業等についても、教育課程全体の中での位置付けを意識しながら取り組む必要がある。また、学習指導要領等の趣旨や枠組みを生かしながら、各学校の地域

の実情や子供たちの姿等と指導内容を見比べ、関連付けながら、効果的な年間指導計画等の在り方や、授業時間や週時程の在り方等について、校内研修等を通じて研究を重ねていくことも重要である。
○ このように、「カリキュラム・マネジメント」は、全ての教職員が参加することによって、学校の特色を創り上げていく営みである。このことを学校内外の教職員や関係者の役割分担と連携の観点で捉えれば、管理職や教務主任のみならず、生徒指導主事や進路指導主事なども含めた全ての教職員が、教育課程を軸に自らや学校の役割に関する認識を共有し、それぞれの校務分掌の意義を子供たちの資質・能力の育成という観点から捉え直すことにもつながる。
○ また、家庭・地域とも子供たちにどのような資質・能力を育むかという目標を共有し、学校内外の多様な教育活動がその目標の実現の観点からどのような役割を果たせるのかという視点を持つことも重要になる。そのため、園長・校長がリーダーシップを発揮し、地域と対話し、地域で育まれた文化や子供たちの姿を捉えながら、地域とともにある学校として何を大事にしていくべきかという視点を定め、学校教育目標や育成を目指す資質・能力、学校のグランドデザイン等として学校の特色を示し、教職員や家庭・地域の意識や取組の方向性を共有していくことが重要である。

（資質・能力の育成を目指した教育課程編成と教科等間のつながり）
○ こうした組織体制のもと、これからの時代に求められる資質・能力を育むためには、各教科等の学習とともに、教科等横断的な視点に立った学習が重要であり、各教科等における学習の充実はもとより、教科等間のつながりを捉えた学習を進める必要がある。そのため、教科等の内容について、「カリキュラム・マネジメント」を通じて相互の関連付けや横断を図り、必要な教育内容を組織的に配列し、各教科等の内容と教育課程全体とを往還させるとともに、人材や予算、時間、情報、教育内容といった必要な資源を再配分することが求められる。
○ 特に、特別活動や総合的な学習の時間においては、各学校の教育課程の特色に応じた学習内容等を検討していく必要があることから、「カリキュラム・マネジメント」を通じて、子供たちにどのような資質・能力を育むかを明確にし、それを育む上で効果的な学習内容や活動を組み立て、各教科等における学びと関連付けていくことが不可欠である。
○ このような「カリキュラム・マネジメント」はどの学校段階においても強く要

請されるものであるが、第2部第1章2.(4)において述べるように、小学校における授業時数の確保をその中でどのように行っていくかは、各学校の力量や教育行政の真価が問われる課題である。各学校の特色を踏まえた創意工夫を生かしつつ、取り得る選択肢の検証や普及、必要な条件整備などについて、国や教育委員会が支援体制を整えていくことが求められる。

○ また、特に高等学校においては、教科・科目選択の幅の広さを生かしながら、生徒に育成する資質・能力を明らかにし、具体的な教育課程を編成していくことが求められる。義務教育段階の学習内容の学び直しなど、生徒の多様な学習課題を踏まえながら、学校設定教科・科目を柔軟に活用していくことも求められる。

（学校評価との関係）

○ 各学校が自らの教育活動その他の学校運営について、目指すべき目標を設定し、その達成状況や達成に向けた取組の適切さ等について評価し改善していく取組である学校評価についても、子供たちの資質・能力の育成や「カリキュラム・マネジメント」と関連付けながら実施されることが求められる。

○ 学校のグランドデザインや学校経営計画に記される学校教育目標等の策定は、教育課程編成の一環でもあり、「カリキュラム・マネジメント」の中心となるものである。学校評価において目指すべき目標を、子供たちにどのような資質・能力を育みたいかを踏まえて設定し、教育課程を通じてその実現を図っていくとすれば、学校評価の営みは「カリキュラム・マネジメント」そのものであると見ることもできる。各学校が育成を目指す資質・能力を学校教育目標として具体化し、その実現に向けた教育課程と学校運営を関連付けながら改善・充実させていくことが求められる。

（教育課程の実施状況の把握）

○ 教育課程を軸に、教育活動や学校経営の不断の見直しを図っていくためには、子供たちの姿や地域の現状等を把握できる調査結果や各種データ等が必要となる。国、教育委員会等及び学校それぞれにおいて、学習指導要領等に基づく教育課程の実施状況を定期的に把握していくことが求められる。

(3) **「主体的・対話的で深い学び」の実現（「アクティブ・ラーニング」の視点）**

○ 第三は、子供たちが、学習内容を人生や社会の在り方と結び付けて深く理解し、これからの時代に求められる資質・能力を身に付け、生涯にわたって能動的に学び続けたりすることができるようにするため、子供たちが「どのように学ぶ

か」という学びの質を重視した改善を図っていくことである。
○ 学びの質を高めていくためには、第7章において述べる「主体的・対話的で深い学び」の実現に向けて、日々の授業を改善していくための視点を共有し、授業改善に向けた取組を活性化していくことが重要である。
○ これが「アクティブ・ラーニング」の視点からの授業改善であるが、形式的に対話型を取り入れた業や特定の指導の型を目指した技術の改善にとどまるものではなく、子供たちそれぞれの興味や関心を基に、一人一人の個性に応じた多様で質の高い学びを引き出すことを意図するものであり、さらに、それを通してどのような資質・能力を育むかという観点から、学習の在り方そのものの問い直しを目指すものである。
○ 次期学習指導要領が目指すのは、学習の内容と方法の両方を重視し、子供たちの学びの過程を質的に高めていくことである。単元や題材のまとまりの中で、子供たちが「何ができるようになるか」を明確にしながら、「何を学ぶか」という学習内容と、「どのように学ぶか」という学びの過程を、前項(2)において述べた「カリキュラム・マネジメント」を通じて組み立てていくことが重要になる。
○ また、「カリキュラム・マネジメント」は、学校の組織力を高める観点から、学校の組織や経営の見直しにつながるものである。その意味において、今回の改訂において提起された「アクティブ・ラーニング」と「カリキュラム・マネジメント」は、教育課程を軸にしながら、授業、学校の組織や経営の改善などを行うためのものであり、両者は一体として捉えてこそ学校全体の機能を強化することができる。

資　料

チームとしての学校の在り方と今後の改善方策について（答申）〔抜粋〕
平成27年12月21日
中央教育審議会

1．「チームとしての学校」が求められる背景

　我が国の教員は、学習指導や生徒指導等、幅広い職務を担い、子供たちの状況を総合的に把握して指導を行っている。このような取組は高く評価されてきており、国際的に見ても高い成果を上げている。

　しかし、子供たちが今後、変化の激しい社会の中で生きていくためには、時代の変化に対応して、子供たちに様々な力を身に付けさせることが求められており、これからもたゆまぬ教育水準の向上が必要である。そのためには、教育課程の改善のみならず、それを実現する学校の体制整備が不可欠である。

　平成27年8月に取りまとめられた「教育課程企画特別部会論点整理」（以下「論点整理」という。）によると、子供たちに、必要な資質・能力を育むためには、学校が、社会や世界と接点を持ちつつ、多様な人々とつながりを保ちながら学ぶことができる開かれた環境となることが不可欠であり、これからの教育課程には、教育が普遍的に目指す根幹を堅持しつつ、社会の変化に目を向け、柔軟に受け止めていく「社会に開かれた教育課程」としての役割が期待されている。この理念を実現していくためには、各学校において、「アクティブ・ラーニング」の視点を踏まえた指導方法の不断の見直し等による授業改善と「カリキュラム・マネジメント」を通した組織運営の改善に一体的に取り組むことが重要である。

　さらに、コミュニティ・スクール（学校運営協議会制度）や様々な地域人材等との連携・協働を通して、保護者や地域の人々を巻き込み教育活動を充実させていくことも求められている。

　その一方で、社会や経済の変化に伴い、子供や家庭、地域社会も変容し、生徒指導や特別支援教育等に関わる課題が複雑化・多様化しており、学校や教員だけでは、十分に解決することができない課題も増えている。

　また、我が国の学校や教員は、欧米諸国の学校と比較すると、多くの役割を担うことを求められているが、これには子供に対して総合的に指導を行うという利点が

ある反面、役割や業務を際限なく担うことにもつながりかねないという側面がある。国際調査においても、我が国の教員は、幅広い業務を担い、労働時間も長いという結果が出ている。

　以上のような状況に対応していくためには、個々の教員が個別に教育活動に取り組むのではなく、校長のリーダーシップの下、学校のマネジメントを強化し、組織として教育活動に取り組む体制を創り上げるとともに、必要な指導体制を整備することが必要である。その上で、生徒指導や特別支援教育等を充実していくために、学校や教員が心理や福祉等の専門家（専門スタッフ）や専門機関と連携・分担する体制を整備し、学校の機能を強化していくことが重要である。

　このような「チームとしての学校」の体制を整備することによって、教職員一人一人が、自らの専門性を発揮するとともに、専門スタッフ等の参画を得て、課題の解決に求められる専門性や経験を補い、子供たちの教育活動を充実していくことが期待できる。

　（中略）

2．「チームとしての学校」の在り方

　これからの学校が教育課程の改善等を実現し、複雑化・多様化した課題を解決していくためには、学校の組織としての在り方や、学校の組織文化に基づく業務の在り方などを見直し、「チームとしての学校」を作り上げていくことが大切である。そのため、現在、配置されている教員に加えて、多様な専門性を持つ職員の配置を進めるとともに、教員と多様な専門性を持つ職員が一つのチームとして、それぞれの専門性を生かして、連携・分担することができるよう、管理職のリーダーシップや校務の在り方、教職員の働き方の見直しを行うことが必要である。また、「チームとしての学校」が成果を上げるためには、必要な教職員の配置と、学校や教職員のマネジメント、組織文化等の改革に一体的に取り組まなければならない。

> 「チームとしての学校」像
> 　校長のリーダーシップの下、カリキュラム、日々の教育活動、学校の資源が一体的にマネジメントされ、教職員や学校内の多様な人材が、それぞれの専門性を生かして能力を発揮し、子供たちに必要な資質・能力を確実に身に付けさせることができる学校

資 料

　今後、「チームとしての学校」を実現するためには、次の３つの視点に沿って検討を行い、学校のマネジメントモデルの転換を図っていくことが必要である。
① 　専門性に基づくチーム体制の構築
　まず、教員が教育に関する専門性を共通の基盤として持ちつつ、それぞれ独自の得意分野を生かし、学校の中で、学習指導や生徒指導など様々な教育活動を「チームとして」担い、子供に必要な資質・能力を育むことができるよう指導体制を充実していくことが重要である。
　あわせて、心理や福祉等の専門スタッフを学校の教育活動の中に位置付け、教員との間での連携・分担の在り方を整備するなど専門スタッフが専門性や経験を発揮できる環境を充実していくことが必要である。
② 　学校のマネジメント機能の強化
　教職員や専門スタッフ等の多職種で組織される学校がチームとして機能するよう、管理職の処遇の改善など、管理職に優れた人材を確保するための取組を国、教育委員会が一体となって推進するとともに、学校のマネジメントの在り方等について検討を行い、校長がリーダーシップを発揮できるような体制の整備や、学校内の分掌や委員会等の活動を調整して、学校の教育目標の下に学校全体を動かしていく機能の強化等を進める。
　また、主幹教諭の配置を促進し、その活用を進めるとともに、事務職員の資質・能力の向上や事務体制の整備等の方策を講じることにより、学校の事務機能を強化することが必要である。
③ 　教職員一人一人が力を発揮できる環境の整備
　教職員や専門スタッフ等の多職種で組織される学校において、教職員一人一人が力を発揮し、更に伸ばしていけるよう、教育委員会や校長等は、「学び続ける教員像」の考え方も踏まえ、学校の組織文化も含めて、見直しを検討し、人材育成や業務改善等の取組を進める。
　また、教育委員会は、教職員が安心して教育活動に取り組むことができるよう、学校事故や訴訟への対応について、教職員を支援する体制を強化していくことが求められる。

⑴ 　「チームとしての学校」を実現するための３つの視点
　「チームとしての学校」を実現するためには、次の３つの視点に沿って施策を講

じていくことが重要である。なお、本答申は、幼稚園、小学校、中学校、高等学校、特別支援学校等を対象としているが、学校種や、学校、児童生徒等の状況によって、学校のマネジメント体制や専門スタッフの配置など「チームとしての学校」の具体的な在り方は異なってくることから、それぞれの実態等を踏まえた検討を行うことが必要である。

① **専門性に基づくチーム体制の構築**
（チーム体制の構築）

　我が国の学校の教員は、従来から、教育に関する専門性を共通の基盤として持ちつつ、それぞれ独自の得意分野を生かし、学校の中で、学習指導や生徒指導等の様々な教育活動の場面で「チームとして」連携・分担し、成果を上げてきた。

　一方、近年は、学校の多忙化等が指摘される中、教員が孤立化しているという指摘もある。今後、教員の資質・能力を上げていくためには、それぞれの学校において、教員集団の資質・能力の向上に取り組むことが重要であり、教員が「チームとして」教育活動に取り組むことが求められている。

　そのためにも、まず、教員が学校や子供たちの実態を踏まえ、学習指導や生徒指導等に取り組むことができるよう、指導体制の充実が必要である。加えて、心理や福祉等の専門スタッフについて、学校の職員として、職務内容等を明確化し、質の確保と配置の充実を進めるべきである。

　その際、多様な専門性や経験を有する専門スタッフ等が学校の教育活動に参画することとなることから、教員も専門スタッフも「チームとしての学校」の一員として、目的を共有し、取組の方向性をそろえることが今まで以上に求められる。

　あわせて、関係者間の情報共有が重要となることから、相互に十分なコミュニケーションを取ることができるようにする必要がある。ICT機器等も活用し、共有すればよいもの、相談することが必要なものなど、情報の重要性等を勘案して、コミュニケーションの充実に取り組んでいくべきである。

　チーム体制を構築していくに当たっては、それぞれの職務内容、権限と責任を明確化することによって、チームを構成する個々人がそれぞれの立場・役割を認識し、当事者意識を持ち学校の課題への対応や業務の効率的・効果的な実施に取り組んでいくことが重要である。

（学校における協働の文化）
　また、「チームとしての学校」を支える文化を創り出していくことも重要である。

資料

多様な経験や専門性を持った人材を学校教育で生かしていくためには、教員が、子供たちの状況を総合的に把握して指導を行い、成果をあげている面にも配慮しながら、教員が担うべき業務や役割を見直し、多職種による協働の文化を学校に取り入れていくことが大切である。

　例えば、養護教諭や栄養教諭、スクールカウンセラー、スクールソーシャルワーカー、看護師等などの数が少ない、少数職種が孤立しないよう、学校全体で意識改革を行い、専門性や立場の異なる人材をチームの一員として受け入れることがあげられる。

　さらに、学校教育に参画する専門スタッフにも、子供の教育を共に担っていくチームの一員であるという意識が求められるとともに、学校の仕組みや教員の文化等に関する理解が必要であり、教育委員会等は、事前の研修等も含め、しっかりとした支援を行う必要がある。

（「チームとしての学校」の範囲）

　「チームとしての学校」の範囲については、学校は、校長の監督の下、組織として責任ある教育を提供することが必要であることから、少なくとも校務分掌上、職務内容や権限等を明確に位置付けることができるなど、校長の指揮監督の下、責任を持って教育活動に関わる者とするべきである。

　その上で、本審議会の答申「新しい時代の教育や地方創生の実現に向けた学校と地域の連携・協働の在り方や今後の推進方策について」において、提言されているように、学校と地域はパートナーとして相互に連携・協働していくことが重要であることから、今後、コミュニティ・スクールや地域学校協働本部（これまでの学校支援地域本部等の体制を発展させた学校と地域がパートナーとして連携・協働する体制）等の仕組みによって、地域コーディネーター、地域住民等の参画により、学校支援活動、放課後の教育活動、安全・安心な居場所づくり等を通じて、社会総掛かりでの教育を実現していくことが必要である。

（教職員や専門スタッフの人材の確保）

　「チームとしての学校」の具体的な在り方は、学校種や学校の規模、学校が置かれている地域の状況等によって異なってくるものと考えられるが、「チームとしての学校」を実現するに当たっては、専門スタッフに係る人材を確保する必要がある。

　教員については、教員免許制度や研修制度によって質の確保を図るとともに、全国に一定水準の教職員が配置されるよう、学校教育の水準の維持向上のための義務

教育諸学校の教育職員の人材確保に関する特別措置法（人材確保法）に基づく優遇措置や義務教育費国庫負担制度、学級編制及び教職員定数の標準に関する制度等が設けられている。

専門スタッフの参画を進めるに当たっても、全国的に格差が生じることのないよう、計画的に配置を促進するとともに、専門スタッフが日常的・継続的に児童生徒と関わることができるよう、十分な体制と処遇の確保も必要である。

また、都市部と中山間部では、必要とされる人材や地域人材の状況等も異なることから、保護者や地域の期待等も踏まえ、優先順位をつけて配置していくことが重要である。

さらに、学校や地域の実態によっては、外国の言語や文化的な背景を理解できるような専門スタッフの養成や活用も求められている。

② 学校のマネジメント機能の強化
（優秀な管理職の確保）

専門性に基づく「チームとしての学校」が機能するためには、校長のリーダーシップが重要であり、学校のマネジメント機能を今まで以上に強化していくことが求められる。そのためには、優秀な管理職を確保する取組を進めるとともに、主幹教諭の配置の促進や事務機能の強化など校長のマネジメント体制を支える仕組みの充実を図ることが求められる。

優秀な管理職を確保するためには、中堅教職員の段階から、管理職として求められる資質・能力を継続的に伸ばしていくことができるような仕組みや機会が必要であり、国、教育委員会は、管理職の養成、選考・登用、研修とそれぞれの段階を通じて一貫した施策を講じていくべきである。また、教育委員会と大学、教職大学院との連携も重要であり、本答申とあわせて取りまとめられた答申「これからの学校教育を担う教員の資質能力の向上について」で提言されている教員育成協議会の仕組みや、任命権者が作成することとされている教員育成指標の活用についても検討を進めていく必要がある。

一方で、管理職選考の倍率が低い地域や、副校長・教頭や主幹教諭の中で教諭への降任を希望する者が見られる地域などもあることから、管理職の実態を踏まえ、管理職の権限と責任に見合った処遇を行うとともに、管理職として学校経営を行うことのやりがいを実感させることができるような取組を充実させていくことが求められている。あわせて、教育委員会は、校長が権限を適切に行使し、その責任を果

資料

たすことができるよう、校長の学校経営を支援するべきである。
(学校のマネジメント体制の強化)
　学校の課題が複雑化・多様化したことに伴い、学校が管理しなければならない範囲も複雑化・多様化し、学校のマネジメントの難度が高くなっている。こうした面からも、校長が、副校長・教頭や主幹教諭、事務長等とともに組織的に学校経営を行うことができるような体制の整備を進めていくべきである。その際、マネジメントに求められる資質・能力を明確化すること等により、職員の育成を行うことも有効である。
　ミドルマネジメントの充実の観点からは、主幹教諭の配置を促進するとともに、主任等を担う中堅教員について、学校運営に関する意識付けを行い、マネジメントに関する能力を伸ばしていく機会を充実していくことが重要である。
　また、学校のマネジメントにおける総務・財務面の重要性が増していることから、管理職を総務・財務面で補佐する必要性が増大しており、事務職員の職務の在り方等を見直し、学校の事務機能を強化するべきである。
　さらに、学校は、学年単位、教科単位で動きがちであることから、カリキュラム・マネジメント等に学校全体で取り組むために、学年や教科等の単位を超えて、企画・立案を行い、実施する機能を強化する必要がある。
(多様な職員で構成される組織において求められるマネジメント)
　校長は、専門性や文化が異なる職員を束ねて成果を出していくために、学校の長として、子供や地域の実態等を踏まえ、当該学校の「チームとしての学校」の在り方について、学校の教育ビジョン等の中で明確に示し、教職員と意識や取組の方向性の共有を図ることが必要である。
　また、専門スタッフについては、業務に対する関わり方に応じて、業務の進め方や処理に要する時間が異なっていることなどから、そのような職の在り方や職業文化の違いに配慮したマネジメントが求められる。
　さらに、校長が、自ら示す学校の教育ビジョンの下で、リーダーシップを発揮した学校運営を実現できるよう、学校の裁量拡大を進めていくことも重要である。
③　教職員一人一人が力を発揮できる環境の整備
(人材育成の充実)
　教員については、平成24年の本審議会の答申「教職生活の全体を通じた教員の資質能力の総合的な向上方策について」において、「教職生活を通じて、実践的指導

力等を高めるとともに、社会の急速な進展の中で、知識・技能の絶えざる刷新が必要であることから、教員が探究力を持ち、学び続ける存在であることが不可欠」であるとし、「学び続ける教員像」が提言されている。

　本答申で提言しているような教職員や専門スタッフ等の多職種で組織される「チームとしての学校」が効果的に機能し、教職員がそれぞれの力を発揮し、伸ばしていくことができるようにするためには、人材育成の充実や業務改善の取組を進めることが重要である。

　人材育成の充実に資する取組として、管理職は、面談等の機会を活用し、人事評価制度を活用していくことが大切である。

　その際、管理職が所属する教職員や専門スタッフの人材育成をしっかりと進めていくためには、特に大規模校において、管理職が十分な指導や監督ができる組織規模であるかどうかなどについても留意することが求められている。

　あわせて、教職員が意欲を持って、能力を発揮できるよう、優れた実践を行った教職員を顕彰する取組も進めていく必要がある。その際、チームとしての取組を評価することを検討する必要がある。

（業務改善の推進）

　学校の教職員が自らの専門性を最大限発揮することができるようにするために、学校の業務改善に引き続き取り組んでいく必要がある。

　校務分掌や校内委員会の持ち方、業務の内容や進め方の見直し、教職員のメンタルヘルス対策等に取り組むことにより、教職員が持てる力を発揮できるようにすることが重要である。

　その際、教職員自らも、教育活動に加えて、校内運営や分掌業務に携わる点を自覚し、業務の内容や進め方等について、改善を進めることが重要である。

（教育委員会等による支援）

　加えて、教職員が安心して教育活動に取り組むことができるよう、学校事故や訴訟が提起された場合など、法令に基づく専門的な対応が必要な事項や子供の安全管理など専門知識等に基づく対応が必要な事項に関し、教育委員会において学校や教職員を支援する体制の整備が重要である。

(2) 「チームとしての学校」と家庭、地域、関係機関との関係
(学校、家庭、地域の関係に関するこれまでの経緯)

　「チームとしての学校」を実現するためには、学校と家庭、地域との関係を整理し、学校が何をどこまで担うのか、検討することが必要である。

　平成8年の本審議会答申「21世紀を展望した我が国の教育の在り方」においては、学校週5日制の導入もにらみつつ、家庭や地域社会の教育力の低下が指摘される中、子供たちの健やかな成長のためには、家庭や地域での教育の充実を図り、社会の幅広い教育機能を活性化していくことが喫緊の課題であると提言している。

　この提言等を踏まえ、文部科学省では、関係省庁等とも連携して、家庭や地域における教育の充実を進めており、学校地域支援本部・放課後子供教室、土曜授業・学習などの取組によって、子供に学校だけでは経験できないような機会が拡大するなど、一定の成果が上がってきている。

　また、その後、平成18年に改正された教育基本法では、保護者が「子の教育について第一義的責任を有する」と規定され、学校、家庭及び地域住民等の相互の連携協力の重要性が示されたところである。

(学校と家庭、地域の関係の変容)

　元来、学校は地域の中にあるものであり、地域の協力や支援のもと、教育活動を展開してきた。その上で、近年は家庭や地域の力を学校に取り入れていくため、学校評議員制度、学校運営協議会や学校支援地域本部等の仕組みや学校の情報公開の取組が進められてきたところであるが、高齢化や過疎化が進展する中、学校と家庭や地域との関係についても従来とは変化が見られる。

　学校が抱える課題が複雑化・困難化している状況の中、課題を解決していくためには、学校がより一層地域に開かれ、地域住民や保護者等が学校運営に対する理解を深め、積極的に参画することで、子供の教育に対する責任を学校、家庭、地域と分担していくことが重要である。

(学校と地域との連携・協働)

　我が国の学校や教員は、欧米諸国の学校と比較すると、多くの役割を担うことを求められており、そのことには、子供に対して総合的な指導が可能であるという利点がある反面、役割や業務を際限なく担うことにもつながりかねない側面がある。

　学校や教員の基本的な役割は、子供に必要な資質・能力を育むことであることから、学校と、家庭や地域との連携・協働によって、共に子供の成長を支えていく体

制を作っていくことにより、学校や教員が、学校教育を通じて子供と向き合い、必要な資質・能力を子供に育むための教育活動に重点を置いて、取り組むことができるようにすることが重要である。このため、「チームとしての学校」としての体制を整備するとともに、本審議会の答申「学校と地域の連携・協働の在り方や今後の推進方策に関する答申」も踏まえ、コミュニティ・スクールや地域学校協働本部等の仕組みによって、学校と地域が連携・協働して、学校を核とした地域づくりを推進し、社会総掛かりで教育を進めていくことが求められる。

また、子供の安全を確保する観点からも組織的かつ継続的に子供の安全確保に取り組むなど、地域との連携・協働やボランティア等の地域人材との連携・協働は欠かすことのできないものであり、引き続き取組を進めていく必要がある。

さらに、青少年団体やスポーツ団体、あるいは経済団体、福祉団体など地域で活動している団体は、各種の集団活動を通じて、子供たちに社会性、協調性や積極性を養うための活動等に取り組んでおり、教育委員会や学校は、これらの団体と連携・協働し、子供たちの様々な活動を充実していくことが重要である。

(学校と家庭や地域との連携・協働、PTAの活動)

保護者が子供に対して行う家庭教育は、教育の出発点である。社会全体で子供の成長を支えるためには、学校や地域とともに、家庭との連携・協働により教育活動を充実していくことが重要である。

学校が家庭や地域との連携・協働を進めるに当たっては、PTAの活動が重要となる。PTAは、子供たちの健全育成を目的に、保護者と学校の協力により、学校及び家庭における教育に関し理解を深める様々な事業を行っており、学校の身近な応援団としての役割を果たすことが期待されている。

特に、全国的な傾向によれば、多くの地域で若手の教職員が増加していることもあり、PTA活動を通じて保護者の経験等をいかした様々な協力を得ながら、学校、家庭、地域の連携・協働により子供たちの生きる力を育む必要がある。

(「チームとしての学校」と関係機関等との連携・協働)

従来から、学校は、生徒指導や子供たちの健康や安全、青少年の健全育成等の観点から警察、消防、保健所、児童相談所等の関係機関との連携に取り組んできたところであるが、「チームとしての学校」と関係機関との連携・協働について、組織的な取組を進めていく必要がある。

学校と警察の連携については、学校警察連携協議会や非行防止教室等の開催、警

察OB・OG人材の活用を通じ、警察署や少年サポートセンター等との間で日常から信頼感を培うことが重要である。また、学警連携協定等による都道府県警察本部等と教育委員会等の間の連携についても更に進めていく必要がある。

また、学校と、福祉部局、児童相談所との連携についても、教員の研修に児童相談所の職員を招く等の取組を進めるなど、日常的に信頼感を醸成する機会を設けていくことが重要である。

さらに、学校における法律問題への対処等のため、弁護士会等と連携し、学校における法律家の活用を進めることも考えられる。

(3) **国立学校や私立学校における「チームとしての学校」**

我が国の公教育は、国立学校、公立学校、私立学校がバランスをとって発展してきたものであり、国立学校は、国立大学に附属して設置され、地域におけるモデル的な役割や中長期的な視点から先導的・実験的な取組を実施する役割を担っており、私立学校は、それぞれ建学の精神に基づき、特色ある教育活動を展開している。

「チームとしての学校」を推進するに当たっては、国・私立学校の位置付けや校種の違いなどに配慮するとともに、各学校の取組に対する必要な支援を行うことが重要である。

> これからの学校教育を担う教員の資質能力の向上について
> ～学び合い、高め合う教員育成コミュニティの構築に向けて～（答申）〔抜粋〕
> 平成27年12月21日
> 中央教育審議会

2．これからの時代の教員に求められる資質能力

> ◆　これまで教員として不易とされてきた資質能力に加え、自律的に学ぶ姿勢を持ち、時代の変化や自らのキャリアステージに応じて求められる資質能力を生涯にわたって高めていくことのできる力や、情報を適切に収集し、選択し、活用する能力や知識を有機的に結びつけ構造化する力などが必要である。
> ◆　アクティブ・ラーニングの視点からの授業改善、道徳教育の充実、小学校における外国語教育の早期化・教科化、ICTの活用、発達障害を含む特別な支援を必要とする児童生徒等への対応などの新たな課題に対応できる力量を高めることが必要である。
> ◆　「チーム学校」の考えの下、多様な専門性を持つ人材と効果的に連携・分担し、組織的・協働的に諸課題の解決に取り組む力の醸成が必要である。

　教員が備えるべき資質能力については、例えば使命感や責任感、教育的愛情、教科や教職に関する専門的知識、実践的指導力、総合的人間力、コミュニケーション能力等がこれまでの答申等においても繰り返し提言されてきたところである。これら教員として不易の資質能力は引き続き教員に求められる。
　今後、改めて教員が高度専門職業人として認識されるために、学び続ける教員像の確立が強く求められる。このため、これからの教員には、自律的に学ぶ姿勢を持ち、時代の変化や自らのキャリアステージに応じて求められる資質能力を、生涯にわたって高めていくことのできる力も必要とされる。
　また、変化の激しい社会を生き抜いていける人材を育成していくためには、教員自身が時代や社会、環境の変化を的確につかみ取り、その時々の状況に応じた適切な学びを提供していくことが求められることから、教員は、常に探究心や学び続ける意識を持つこととともに、情報を適切に収集し、選択し、活用する能力や知識を

有機的に結びつけ構造化する力を身に付けることが求められる。

　さらに、子供たち一人一人がそれぞれの夢や目標の実現に向けて、自らの人生を切り開くことができるよう、これからの時代に生きる子供たちをどう育成すべきかについての目標を組織として共有し、その育成のために確固たる信念をもって取り組んでいく姿勢が必要である。

　一方、学校を取り巻く課題は極めて多種多様である。いじめ・不登校などの生徒指導上の課題や貧困・児童虐待などの課題を抱えた家庭への対応、キャリア教育・進路指導への対応、保護者や地域との協力関係の構築など、従来指摘されている課に加え、さきに述べた新しい時代に必要な資質能力の育成、そのためのアクティブ・ラーニングの視点からの授業改善や道徳教育の充実、小学校における外国語教育の早期化・教科化、ICTの活用、インクルーシブ教育システムの構築の理念を踏まえた、発達障害を含む特別な支援を必要とする児童生徒等への対応、学校安全への対応、幼小接続をはじめとした学校間連携等への対応など、新たな教育課題も枚挙にいとまがなく、一人の教員がかつてのように、得意科目などについて学校現場で問われる高度な専門性を持ちつつ、これら全ての課題に対応することが困難であることも事実である。

　そのため、教員が上記のように新たな課題等に対応できる力量を高めていくのみならず、「チーム学校」の考え方の下、教員は多様な専門性を持つ人材と効果的に連携・分担し、教員とこれらの者がチームとして組織的に諸課題に対応するとともに、保護者や地域の力を学校運営に生かしていくことも必要である。このため教員は、校内研修、校外研修など様々な研修の機会を活用したり自主的な学習を積み重ねたりしながら、学校作りのチームの一員として組織的・協働的に諸課題の解決のために取り組む専門的な力についても醸成していくことが求められる。

> **新しい時代の教育や地方創生の実現に向けた
> 学校と地域の連携・協働の在り方と今後の推進方策について（答申）〔抜粋〕**
> 平成27年12月21日
> 中央教育審議会

第1章　時代の変化に伴う学校と地域の在り方について

第2節　これからの学校と地域の連携・協働の在り方
【ポイント】

> ◆これからの学校と地域の連携・協働の姿として、以下の姿を目指す。
>   ○地域住民等と目標やビジョンを共有し、地域と一体となって子供たちを育む「地域とともにある学校」への転換
>   ○地域の様々な機関や団体等がネットワーク化を図りながら、学校、家庭及び地域が相互に協力し、地域全体で学びを展開していく「子供も大人も学び合い育ち合う教育体制」の構築
>   ○学校を核とした協働の取組を通じて、地域の将来を担う人材を育成し、自立した地域社会の基盤の構築を図る「学校を核とした地域づくり」の推進
> ◆上記の姿を具現化していくためには、学校と地域の双方で連携・協働を推進するための組織的・継続的な仕組みの構築が必要。

1．これからの学校と地域の目指すべき連携・協働の姿

(1)　地域とともにある学校への転換

　社会総掛かりでの教育の実現を図る上で、学校は、地域社会の中でその役割を果たし、地域と共に発展していくことが重要であり、とりわけ、これからの公立学校は、「開かれた学校」から更に一歩踏み出し、地域でどのような子供たちを育てるのか、何を実現していくのかという目標やビジョンを地域住民等と共有し、地域と一体となって子供たちを育む「地域とともにある学校」へと転換していくことを目指して、取組を推進していくことが必要である。すなわち、学校運営に地域住民や保護者等が参画することを通じて、学校・家庭・地域の関係者が目標や課題を共有し、学校の教育方針の決定や教育活動の実践に、地域のニーズを的確かつ機動的に

資料

反映させるとともに、地域ならではの創意や工夫を生かした特色ある学校づくりを進めていくことが求められる。
　これまでの提言では、地域とともにある学校の運営に備えるべき機能として「熟議」「協働」「マネジメント」の三つが挙げられており、これらはこれからの学校運営に欠かせない機能として、再認識していく必要がある。
　①関係者が皆当事者意識を持ち、子供たちがどのような課題を抱えているのかという実態を共有するとともに、地域でどのような子供たちを育てていくのか、何を実現していくのかという目標・ビジョンを共有するために「熟議（熟慮と議論）」を重ねること。
　②学校と地域の信頼関係の基礎を構築した上で、学校運営に地域の人々が「参画」し、共有した目標に向かって共に「協働」して活動していくこと。
　③その中核となる学校は、校長のリーダーシップの下、教職員全体がチームとして力を発揮できるよう、組織としての「マネジメント」力を強化すること。

(2) **子供も大人も学び合い育ち合う教育体制の構築**
　学校、家庭及び地域は、教育におけるそれぞれの役割と責任を自覚するとともに、相互に協力していくことが重要である。地域が学校や家庭と共に教育の担い手となることが社会的な文化となっていくためにも、地域の一部の人々だけが参画し協力するのではなく、地域全体で子供たちの学びを展開していく環境を整えていくことが必要であり、子供との関わりの中で、大人も共に学び合い育ち合う教育体制の構築が必要である。
　地域には、学校、教育機関、首長部局等の行政機関、社会教育施設、PTA、NPO・民間団体、企業、経済・労働関係団体など、様々な機関や団体等がある。他方、個人として学校支援ボランティアに関わっている地域の人々もいる。子供たちや学校の抱える様々な課題に対応していくためにも、また、子供たちの生命や安全を守っていくためにも、子供を軸に据え、様々な関係機関や団体等がネットワーク化を図り、子供たちを支える一体的・総合的な教育体制を構築していくことが重要である。学校と地域が連携・協働するだけでなく、子供の育ちを軸に据えながら、地域社会にある様々な機関や団体等がつながり、住民自らが学習し、地域における教育の当事者としての意識・行動を喚起していくことで、大人同士の絆が深まり、学びも一層深まっていく。地域における学校との協働活動に参画する住民一人一人が学び合う場を持って、子供の教育や地域の課題解決に関して共に学び続けて

いくことは、生涯学習社会の実現のためにも重要である。

　さらに、家庭教育の支援の観点からも、地域と学校の連携が進むことで、課題を抱えた保護者に対する支援の充実につながるとともに、孤立感を抱えた保護者を含む多くの保護者に対し、学校との連携・協働による活動に参画していく機会を作ることにつながる。

(3)　学校を核とした地域づくりの推進

　地方創生の観点からも、学校という場を核とした連携・協働の取組を通じて、子供たちに地域への愛着や誇りを育み、地域の将来を担う人材の育成を図るとともに、地域住民のつながりを深め、自立した地域社会の基盤の構築・活性化を図る「学校を核とした地域づくり」を推進していくことが重要である。成熟した地域が創られていくことは、子供たちの豊かな成長にもつながり、人づくりと地域づくりの好循環を生み出すことにもつながっていく。また、地域住民が学校を核とした連携・協働の取組に参画することは、高齢者も含めた住民一人一人の活躍の場を創出し、まちに活力を生み出す。さらに、地域と学校が協働し、安心して子供たちを育てられる環境を整備することは、その地域自身の魅力となり、地域に若い世代を呼び込み、地方創生の実現につながる。

　一方的に、地域が学校・子供たちを応援・支援するという関係ではなく、子供の育ちを軸として、学校と地域がパートナーとして連携・協働し、互いに膝を突き合わせて、意見を出し合い、学び合う中で、地域も成熟化していく視点が重要である。子供たちも、総合的な学習の時間や、放課後・土曜日、夏期休業中等の教育活動等を通じて地域に出向き、地域で学ぶ、あるいは、地域課題の解決に向けて学校・子供たちが積極的に貢献するなど、学校と地域の双方向の関係づくりが期待される。

　地域によっては、公民館等の社会教育施設を一つの拠点として、高齢者の健康維持や文化の伝承等の地域課題に関わる社会教育活動を、住民が主体となって活発に行っているところもある。学校という場を地域の人々が集い、学び合う場としていくだけでなく、このような拠点が学校とつながり、双方向の関係を持つことも有益である。

２．学校と地域の連携・協働を推進するための組織的・継続的な仕組みの構築

　本節１．で示した「これからの学校と地域の目指すべき連携・協働の姿」を具現化していくためには、学校と地域の双方で、連携・協働を推進するための組織的・

継続的な仕組みを構築していく必要がある。

　現在、学校と地域の連携・協働を推進する仕組みとして、コミュニティ・スクール（学校運営協議会制度）の仕組みや、「学校支援地域本部」による様々な教育活動、「放課後子供教室」の体験活動等を行う社会教育の既存の体制がある。

　学校と地域がパートナーとして連携・協働するには、両者がビジョンを共有し、学びを展開していくことが重要であり、上記の既存の体制による取組を一層推進していくとともに、地域における様々な体制等をつなぐコーディネーターを配置する等の仕組みの構築や、既存の仕組みの更なる工夫が不可欠である。

　このため、本審議会では、これからの学校と地域の目指すべき連携・協働の姿を踏まえながら、地域とともにある学校に転換していくための持続可能な仕組みとして、これからのコミュニティ・スクールの在り方について審議するとともに、地域において子供たちを支える持続可能な仕組みとして、地域における様々な体制等の在り方について審議した。（コミュニティ・スクールの在り方については第2章、地域における様々な体制等の在り方については第3章で言及）

　なお、子供たちの生きる力を育成する観点等からすれば、学校と地域の連携・協働は、公立学校にとどまらず、国立学校や私立学校においても重要なものである。第2章については、学校運営協議会の制度が公立学校の管理運営の改善を図るための仕組みであること等を念頭に、公立学校を中心に述べているものである。また、第3章における地域学校協働活動についても公立学校を中心に述べているが、国立学校や私立学校が所在する地域においては、それらの学校の教育方針や地域の実情を踏まえつつ、地域学校協働活動に取り組むことが期待される。

「社会に開かれた教育課程」と新しい学校づくり
編者・執筆者一覧

【編　者】
吉冨芳正（明星大学教授）

【巻頭提言】
銭谷眞美（東京国立博物館長）

【執筆者】
吉冨芳正（上掲）／第1章
寺崎千秋（一般財団法人教育調査研究所研究部長）／第2章
石塚　等（横浜国立大学教職大学院教授）／第3章
天笠　茂（千葉大学特任教授）／第4章
赤沢早人（奈良教育大学准教授）／第5章
浅野良一（兵庫教育大学教授）／第6章
佐藤晴雄（日本大学教授）／第7章
西川信廣（京都産業大学教授）／第8章
安藤壽子（NPO法人らんふぁんぷらざ理事長・
　　　　　元お茶の水女子大学特任教授）／第9章
岩瀨正司（公益財団法人全国修学旅行研究協会理事長・
　　　　　元全日本中学校長会会長）／第10章Ⅰ
若井彌一（京都光華女子大学副学長・こども教育学部長）／第10章Ⅱ

（掲載順／職名は執筆時現在）

●編 者

吉冨芳正（よしとみ・よしまさ）専門は教育課程論、教育課程行政。文部科学省教育課程課学校教育官、千葉県富里市教育長、国立教育政策研究所総括研究官を経て現職。学習指導要領や指導要録の改訂、学校週5日制の導入等に携わる。文部科学省「育成すべき資質・能力を踏まえた教育目標・内容と評価の在り方に関する検討会」委員。学力形成に果たす教育課程の役割、カリキュラム・マネジメント、生活科の形成過程等を研究。主著書に『カリキュラムマネジメント・ハンドブック』（ぎょうせい、平成28年）、『新教科誕生の軌跡：生活科の形成過程に関する研究』（東洋館出版社、平成26年）、『現代中等教育課程入門』（明星大学出版部、平成26年）など。

次代を創る「資質・能力」を育む学校づくり　1
「社会に開かれた教育課程」と新しい学校づくり

2017年8月10日　第1刷発行

編　集　吉冨　芳正
発　行　株式会社ぎょうせい
　　　　〒136-8575　東京都江東区新木場1-18-11
　　　　　　　　　電話番号／編集 03-6892-6508
　　　　　　　　　　　　　　営業 03-6892-6666
　　　　　　　　　フリーコール／0120-953-431
　　　　　　　　　URL　https://gyosei.jp

〈検印省略〉

印刷　ぎょうせいデジタル株式会社
乱丁・落丁本は、送料小社負担にてお取り替えいたします。
Ⓒ2017　Printed in Japan　禁無断転載・複製
ISBN978-4-324-10333-3（3100536-01-001）［略号：資質能力学校1］

中教審答申解説 2017

「社会に開かれた教育課程」で育む資質・能力

白梅学園大学教授
中央教育審議会教育課程部会長
無藤 隆 ＋『新教育課程ライブラリ』編集部 [編]

A5判・定価（本体2,700円＋税）

電子版 本体2,700円＋税
※電子版はぎょうせいオンラインからご注文ください。

新学習指導要領の理解が深まる！

- ●中教審のキーマンが新学習指導要領の基本的な方向性を端的に解説。
- ●学校づくり・授業づくりを進めるテキストとして、学校の教育計画づくりや校内研修にも最適！

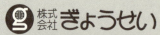

株式会社 **ぎょうせい**

〒136-8575 東京都江東区新木場1-18-11

フリーコール
TEL：0120-953-431 [平日9〜17時] **FAX：0120-953-495**
https://shop.gyosei.jp　ぎょうせいオンライン [検索]

オススメ！教育関係図書のご案内

即効性のある学力向上策を大公開
アクティブな学びを創る授業改革
子供が生きる主体的・協働的な学習

西留　安雄【著】　　B5判・定価（本体2,200円＋税）

- 学校現場で「主体的・対話的で深い学び」を実現するための具体的な授業づくりや研修のノウハウを網羅。
- 子供が自ら学ぶための学習ガイドも収載。

学校管理職・次世代リーダー必読！
Q&A スクール・コンプライアンス111選

菱村　幸彦【著】　　A5判・定価（本体2,200円＋税）

- トラブルの未然防止、危機対応に不可欠な法知識を凝縮！
- 日常の学校業務で起こり得るケースを"教職生活""教育指導""生徒指導""学校運営"にテーマ分けし、Q&Aで具体的にわかりやすく解説！

小中一貫教育の制度化について、Q&A形式でわかりやすく解説！
Q&A 小中一貫教育
～改正学校教育法に基づく取組のポイント～

文部科学省小中一貫教育制度研究会【編著】　　A5判・定価（本体2,700円＋税）

- 制度化された小中一貫教育（義務教育学校）について、制度の概要から取組に必要な手続、運用方法、留意点などをQ&A形式で具体的にわかりやすく解説！

株式会社ぎょうせい
フリーコール　TEL:0120-953-431 [平日9～17時]　FAX:0120-953-495
〒136-8575　東京都江東区新木場1-18-11
https://shop.gyosei.jp　　ぎょうせいオンライン　検索

新学習指導要領における学校経営の課題とは。
具体的方策を解説！

次代を創る「資質・能力」を育む学校づくり【全3巻】

吉冨 芳正【編集】

A5判・セット定価（本体7,200円＋税）　各巻定価（本体2,400円＋税）

明日からの「学校づくり」に、その課題と方策がわかる！

- 「社会に開かれた教育課程」「カリキュラム・マネジメント」「主体的・対話的で深い学び」――。
  学校経営全体を視野に置いて、各課題の**ポイント**や**方策**を解説します。
- 新教育課程で求められるものは何か。管理職・次世代リーダーに向けた**「学校づくり」**を考えるシリーズ。

巻構成
- 第1巻　「社会に開かれた教育課程」と新しい学校づくり
- 第2巻　「深く学ぶ」子供を育てる学級づくり・授業づくり
- 第3巻　新教育課程とこれからの研究・研修

株式会社 ぎょうせい
〒136-8575　東京都江東区新木場1-18-11
フリーコール　TEL：0120-953-431 [平日9～17時]　FAX：0120-953-495
https://shop.gyosei.jp　　ぎょうせいオンライン　検索